中国谋略之统御术

孙颢◎编著

中国華僑出版社
·北京·

图书在版编目(CIP)数据

中国谋略之统御术 / 孙颢编著. -- 北京 : 中国华侨出版社, 2010. 7（2025. 9重印）

ISBN 978-7-5113-0560-2

Ⅰ. ①中… Ⅱ. ①孙… Ⅲ. ①人才管理学－通俗读物 Ⅳ. ①C962-49

中国版本图书馆CIP数据核字(2010)第140726号

中国谋略之统御术

ZHONGGUO MOULÜE ZHI TONGYUSHU

编　　著：孙　颢
责任编辑：姜薇薇
经　　销：新华书店
开　　本：710 毫米 × 1000 毫米　1/16 开　　印张：12　　字数：149 千字
印　　刷：三河市富华印刷包装有限公司
版　　次：2010 年 7 月第 1 版
印　　次：2025 年 9 月第 2 次印刷
书　　号：ISBN 978-7-5113-0560-2
定　　价：49.80 元

中国华侨出版社　　北京市朝阳区西坝河东里 77 号楼底商 5 号　　邮编：100028
发行部：（010）64443051

前言

没有不会打仗的兵；只有不会打仗的将领！英军著名军事家、元帅蒙哥马利戎马一生，创立了许多业绩，他指挥的北非战役和诺曼底登陆，为盟军赢得了历史性和决定性的胜利。尤其是他所倡导的“统御风格”，备受军界青睐。

所谓“统御风格”，是指一种能凝聚士兵，于共同目标之下的能力与意志，一种能激发鼓舞信心的风格。他的指挥风格，是特别重视人的因素，强调要彻底了解“人性”。作为领导者，如果仅仅看到武器装备的优势，而忽略人的内在精神力量，那他一定不是一个真正合格的领导者。

巴尔扎克曾说：“领导统御的最高明办法就是带领部属去完成一个永远都不可能实现的梦想。”如此一来，这些为了和你一起“圆梦”的部属，就算你叫他去为你赴汤蹈火，他也会在所不惜，就算你踩着他的脑袋前进，他还会把你当成英雄。

亨利·杜鲁门曾经写道：“有领导能力的人，能够让部属喜欢做他原本不想做的事。”

一个成功的领导者必须知道如何激励部属的热情和鼓舞部属的士气，即便这些激励和鼓舞的言辞全部都是谎话，也必须把它说得跟真话一样。

一个领导者最大的忌讳就是在部属的面前暴露出自己的心思，因为如此一来，别有居心的部属就会投其所好来博得你的信任，进而背着你做出有利他们的勾当，因此，让部属永远猜不到自己的下一步要走向何方，其实是每个管理者必须具备的基本心机。

作为领导者，会用人，用对人，那么他所领导的事业就能兴旺发达，繁荣昌盛，相反，如果不会用人，用错人，那么他所领导的事业就必然要走下坡路，甚至事衰业萎，日暮途穷。而用人的关键之处在哪里呢？答：是在观人和鉴人上！会观察人，会鉴别人，才能选对人，用对人。用人的慧眼在于观人，用人的慧根在于鉴人！从这一意义上说，观人、鉴人和用人便是影响和决定领导者统御术成败的三大秘诀，即领导“三宝”！

目录

第一章

控揽：以强力手段控制统御的局面

第二章

明断：明智统御才能用对人

第三章

立威：以威权树立统御的威望

第四章

谋算：统御既需天算更要人算

第五章

兼听：虚心纳谏才能做出正确决策

第六章

突破：把破旧立新作为突破统御局限的途径

第七章

平衡：以牵制的方法统御部下

第八章

免错：掌握要点少走统御的弯路

第一章

控揽：

以强力手段控制统御的局面

作为天下大势系于一身的帝王，必须有面对各种复杂局面的思想准备。突然的变故、臣下的反对，形势的严峻，随时给帝王带来新的挑战。但是风吹浪打也好，泰山压顶也好，如能始终以自己手中至高无上的权力资源牢牢控制着局面，把统御的主动权始终抓在自己手中，就会无往而不胜。

坚决摧毁威胁控制权的权力团伙

很多问题大家都能看明白，但鉴于事情的复杂和危险，能看明白的事情未必人人都能解决好，在这里，领导智慧也就体现在“胆量”二字上。

公元前238年，完全接受法家思想的秦王嬴政刚刚走上前台，所做的第一件事情，就是要将全部权力抓在自己手中，为此他必须摧毁两个权力集团，一个是以丞相吕不韦为首的官僚集团，一是以嫪毐为首的宫廷集团。

多年的擅权，早已使吕不韦建立了一个庞大的政治集团，其门客就达三千人之多，朝中不少大臣都是他的亲信。那么嫪毐又是何许人也呢？

嬴政的亲生母亲赵姬早与吕不韦私通，在异人死后，与吕不韦更没了阻碍。但是，随着嬴政的一天天长大，颇有些政治头脑、又不能也不想篡位的吕不韦越来越不安了。他不知道这个终日不语、闷头读书、思绪万千、“忧国忧民”并时不时显露出“暴君”相的小国王脑子里都在想些什么？他不知道一旦嬴政知道了此事，将会作出怎样的反应？这些都在困扰着权柄紧握的吕不韦。嬴政这个性格怪异的家伙，要真的动起怒来，他吕不韦就得吃不了兜着走了。于是，吕不韦便想撤身了。

吕不韦将嫪毐推荐给太后，是让他作自己的“替代品”。但是，出乎吕不韦意料之外，嫪毐在博得太后欢心，得到大量赏赐后，开始在政治上也要做吕不韦的“替代品”了。在太后的支持下，嫪毐的实力迅速上升，先是被封为长信侯，赐山阳（今山西太行山东南），与吕不韦待遇一样，而后更是“事皆决于嫪毐”。

要除掉这两个根基已成的权力集团，对于弱冠之年的嬴政确实需要极大的胆量。

秦王政九年（公元前 238 年）四月，嬴政率领文武官员离开咸阳，前往雍城举行加冕大典。雍城在秦德公元年（公元前 677 年）开始兴建国都，以后历经 295 年，一直到秦献公二年（公元前 383 年），这里一直是秦国首都。秦献公二年，迁都栎阳。秦孝公十二年（公元前 350 年），又迁都于咸阳。由于雍城在秦国历史上的特殊地位，所以凡举行祭祀祖先及各种盛典，均需来此进行。历代国君、后妃以及贵族死后也多归葬于此。

嬴政在雍城蕲年宫如愿地举行了加冕大典和佩剑典礼。剑是古代奴隶主贵族显示身份和地位的重要标志，一般人是绝对禁止佩带的。秦国一直到简公六年（公元前 409 年）才允许官吏可以佩剑，但一般人仍不许佩带。国君也是在举行加冕礼之后方可佩剑。所以，嬴政不仅要举行加冕典礼，正式接手国家事务的管理，同时也将一把佩剑佩戴在自己的腰上，以显示自己至高的地位。

加冕典礼刚刚举行完毕，从首都咸阳传来消息，信阳侯嫪毐因为嬴政派人调查其不法之事，心中恐惧，先发制人，用伪造的秦王御玺和太后玺调发县卒（地方部队）以及卫卒（宫廷卫队）、官骑（骑兵）等准备进攻蕲年宫作乱。

获知嫪毐叛乱的消息，嬴政在众大臣面前显得异常沉着、冷静，他面无表情地听完报告，然后胸有成竹的命令相国昌平君及昌文君调发军队，前往咸阳镇压。实际上，这是一场嬴政早已料到的叛乱，一切他都已经有所安排。

平叛的战斗并不激烈，叛军不堪一击，在强大的秦军面前一触即溃，被斩首数百人，从这个数字也可以看出叛军人数不多。另外，从派去镇压平叛的将领也可以看出，年轻的嬴政根本就没有把嫪毐放在眼里。这两个人，昌平君和昌文君，他们既非名将，又无突出的政绩，甚至连名字都没有留下。昌平君还有点事迹，宋代裴骃《史记集解》载："昌平君，楚之公子，（秦）立以为相。后徙于郢，项燕立为荆王，史失其名。"而"昌文君名亦不知也"。派去两个不知名的人便轻而易举地将叛乱镇压下去，反映出嬴政有别于众的用兵风格。

叛军被击败，秦王嬴政下令嫪毐和将卫尉竭、内史肆、佐弋竭、中大夫令齐等二十人，全部枭首（斩首后将人头悬挂在高杆上示众），然后将尸体车裂。同时还"灭其宗"，将其家人满门抄斩。他们的舍人，最轻的处以鬼薪（为官府砍柴的刑罚），更多的人则被处以迁刑，共有四千多家被夺爵远徙蜀地的房陵（今湖北房县）。

对于太后，则不能用杀戮的办法，毕竟她是嬴政的亲生母亲。尽管嬴政不接受儒家思想，但提倡孝道并非儒家的"专利"，不过太后确实让嬴政很难堪，心中难以饶恕，于是嬴政把太后迁出咸阳，令其往雍城居住。

收拾完嫪毐，该来收拾吕不韦了。秦王政十年（公元前 237 年），嬴政下令罢免了吕不韦的相国之职，接着又命令他离开咸阳到食邑地河南去居住。

由于吕不韦执政十几年，对秦国功劳很大，在各诸侯国中威望很高，所以到河南探望吕不韦的人士众多，“诸侯宾客使者相望于道”。得知吕不韦周围的情况后，秦王有些坐立不安了，他怕吕不韦会逃离秦国。那样的话，凭吕不韦现在的威信，联络各国反秦势力，会给秦国带来危险。思前想后，既不能派兵前往——出师无名，且易激变；又不便将吕不韦抓回咸阳——抓来也无法处刑，要处刑早就处了还用等到现在吗？最后，秦王想出了一个好办法，他派人给吕不韦送去一封信，信中说：“您对秦国有什么功劳呢？秦国封给您河南之地，食十万户；您与秦国有什么亲缘？却号称仲父。带着你的家人到蜀地去住吧。”看到这封信，吕不韦的心都快碎了。它不仅将其对异人、对秦国的功劳一笔勾销，而且暗含杀机。吕不韦知道嬴政的脾气，他不死，事不宁，迁徙到蜀地也是个受罪的命，干脆满足他算了。于是吕不韦饮毒酒自杀，成全了嬴政，时间是秦王政十二年（公元前 235 年）。

至此，妨碍嬴政治国秉政的两大集团被彻底消灭。秦王嬴政在亲政后两年时间内，就为自己的统治扫清了道路，初步施展了他的操纵胜局才能，并且迅速确立起他个人的威望，尽管手段极其残暴不仁，但是秦国人、秦国的大臣，尤其是秦国的武将们，看到了秦国统一的曙光，他们需要这样一个年轻有为、身体健康、处事果断、临阵不慌、能够对敌人无情打击且对统一战争怀有强烈的必胜信心的君主来领导他们消灭六国，结束历经上百年的统一战争。

解决兵权左右政权的弊病

在北宋之前的多个朝代，都存在为将者拥兵自重、尾大不掉以至威胁朝政的现象，像南北朝时大将篡位立国、唐末藩镇割据等等。宋太祖赵匡胤吸取历史的教训，立国之初即以巧妙的方法释去了众将的兵权。

经过两次对禁军领导班子的调整，作为宋朝中央军的禁军一直十分稳定，赵匡胤这才放了心。于是到了建隆二年（公元961）的三月，他便免去了慕容延钊的殿前都点检职务，改任为南西道节度使。又免去韩令坤的侍卫马步军都指挥使职务，去任成德节度使。殿前都点检一职自此不再任授，赵匡胤自此完成了皇帝亲握军权的大事，实现了皇帝就是军队统帅的专制决策。

到了这一步，在宋朝禁军这个国家军队中，主要的高级的将领，都已为赵匡胤的兄弟、义兄弟和亲信分别担任，从理论上来说，这样就可以使赵匡胤高枕无忧，无须担心兵权被他人所篡，再有人利用兵权来左右政权了。其实，这种把兵权分别授予自己人的方法并非就是非常牢靠，历史上就有许多弑父屠子、兄弟相残的例子为人耳熟能详。

仅把军队领导人都换成亲信，赵匡胤仍不会高枕无忧的。为了彻底解决兵权左右政权的弊病，还要从根本上也就是从体制上解决问题，要解除所有功臣个人意义上的兵权。“图难于其易”，既然已把军队的高级将官都换成了亲信，也就等于完成了第一步，而解除这些人的兵权就不是多困难的事了。

由此可见，赵匡胤做事于其细，顺利地掌握了军权，因此就为他“图难于其易”创造了下一步“其易”的条件。建隆二年（公元961）七月的一天晚朝后，赵匡胤在宫中摆了一场宴会，宴请禁军的高级将领。在宴会进行到酒酣耳热之际，赵匡胤叹息道：“若不是你们这些人出力扶持，我怎能做这个皇帝。不过我既做皇帝，就要做一个真正的皇帝。可是，做皇帝也真是太难了，自从我当了皇帝，就没有一天能睡上一个安稳觉。”

石守信等人听他如此说，大惑不解，忙问：“皇上，二李既平，国泰民安，你怎么还睡不着觉呢？”

赵匡胤说：“中国五十年来，多少人都能当上皇帝。而今，也不知还有多少人想当皇帝啊。”

石守信和其他将领都诚惶诚恐，说：“陛下怎么这样说呢，如今天命已定，谁还敢有异心啊！”

赵匡胤说：“纵使你们不生二心，也难保你们手下的人不贪图富贵。一旦有一天，有人也将黄袍披在你们身上，你们就是不想当皇帝，也推辞不掉啊。”

听赵匡胤如此说话，石守信及其他将领吓得汗流浃背，一齐跪下，说：“臣等愚昧，不解圣意，该怎么做，请皇上指示。”

赵匡胤就说：“依我之意，你们不如全卸去兵权，去大藩做节度使。置田兴宅，广积产业，饮酒作乐，痛快地过此一生，使我们君臣两下无猜。”

石守信和诸位将领都明白了皇帝的意思。第二天，诸将皆称疾不朝，各自上书请求辞去在禁军的职务。于是赵匡胤任命高怀德为归德节度使，出任宋州；任王审琦为忠正节度使，出任寿州；任张令铎为镇安节度使，出任陈州；任罗彦瑰为彭德节度使，出任相州；任石守信保留侍卫亲军马步军都指挥使，为天平节度使，出任郓州。

老子说："圣人终不为大，故能成其大。"赵匡胤有这种智慧。释诸将兵权，本是一件很难很大的事，但他从其易，从其细，所以就顺理成章，水到渠成地完成了图难、为大之事。

兵权问题的解决，体现了宋太祖高超的领导艺术。自宋以后的历代王朝，基本上没有再发生将领左右朝政的现象，这不能不说与宋太祖对这一问题的重视和解决有关。

高效管理体系使政令畅通无阻

帝王要想全面控制局面，最根本的措施是建立一个职责分明、效率较高的行政体系。因为这样一个行政体系可以使政令更加畅通，下情亦可上达，帝王只要能够掌控这个体系，也就能控制全局。

在中国历史上，通过改革行政机构加强中央集权的行动到明清时代达到顶峰。

皇权的至高无上是实现皇帝独裁、大臣辅政的先决条件，既然这是必由之途，那么首先就要在政治体制中确立、体现出来。元朝时于中央设中书省以总理全国政务，中书省的大权实际是在左右丞相手中掌握，如此则中央权力必然会过分地集中于中书省，造成左、右丞相权力的膨胀，因而丞相虽然起到了辅政的作用，可同时又起到了限制政权发展的作用。而在地方设置行中书省，从建制上仿效中书省，掌握了各地的政、法、军权，号称“外政府”。正缘于此，元朝后期各自为政，往往擅权自专，不听朝廷调度，形成了分裂割据的局面。正如我们所知，朱元璋渡江后建立的明政权江南行中书省，也仿效了元朝这种政体，因此一应军国大事均不需向小明王奏请，朱元璋得以把江山坐大。因而可以说元制的种种弊端，是朱元璋亲历亲闻，所以他既然在前期从这种行政制度中得到了好处，后期却担心部下起而仿效。

正如朱元璋所担心的那样，明朝建立以后，臣僚越礼非分、违法逾制的事件层出不穷。有鉴于此，他已经感觉到改革行政机构势在必行。

洪武三年，朱元璋指出："夫元氏之有天下，固由世祖之雄武，而其亡也，由委任权臣，上下蒙蔽故也。今礼所言不得隔越中书奏事，此正元之大弊也。君不能躬览庶政，故大臣得以专权自恣。"他之所谓的"躬览庶政"，就是指皇帝要亲预朝政。本来如完全遵照元制，各种政事的处理在中书省便已基本定案，至皇帝处批准就行了。而将政事公文直接递交皇上，越过中书省，也就违背了元制逐级奏请的定制。朱元璋在这里提出要亲预朝政，就意味着他允许这种逾制，将一部分本由中书省处理的政事揽在身上，这标志着他着手削弱中书省的权力职能，进一步扩大皇权的开始。

至洪武九年六月，经过六年的经验准备和思想准备之后，他下令改行中书省为承宣布政使司，废除行省平章政事、左右丞等官职，改参知政事为布政使，以"掌一省之政"。主要管民政和财政。布政使是皇朝派驻地方的使臣，朝廷的政策、法令和派给地方的多种任务，通过他们下达各府、州、县的地方官员。全国除南京为京师直辖外，分为浙江、江西、福建、北平、广西、四川、山东、广东、河南、陕西、湖广、山西十二个布政使司，随着云南的平定，又增设云南布政使司，共为十三个布政使司。各布政使司的管辖范围与元朝行中书省相仿，但不包括各处的卫所。相较而言，布政使司的职权比元朝的行中书省大大缩小，性质也发生了改变，布政使司的长官是朝廷分派各地的使臣，凡事皆需秉承皇帝意旨，使地方的权力集中于中央，有效地避免了各地的擅权自专。

在承宣布政使司之外，各行省还设提刑按察使司，以按察使为长官，掌一省刑名按劾之事。又设立都指挥使司，以都指挥使为长官，管辖所属卫地，掌一方军政。都指挥使司与布政使司，提刑按察使司同为朝廷设在地方的派出机构，合称“三司”。三司互不统属，在地方三司分别行使各自职权，均由皇帝直接指挥。凡遇重大政事均需由三司会议，上报给中央的部院。这样不仅削弱地方的权力，强化了中央集权，而且各地方机构职能专一，互相牵制，既加强了统治效能，又便于皇帝直接控制。对布政使司之下的地方政治机构，朱元璋也加以极大地简化。将元朝的路、府、州、县归并为府、县二级，除府、县外，个别保留州的建制，分别属州和直隶州，地位分别等同于县、府。这样，地方政权的层次简化减少，皇帝命令的逐级下达也就通畅起来。

接着，朱元璋又回过头来对中央机构进行进一步的改革。由于洪武初期先后发生的以李善长为代表的淮西集团把持朝廷事件和胡惟庸党案，朱元璋感觉到元朝丞相制度是君主专政的障碍，为此他说：“昔秦皇去封建，异三公，以天下诸国合为郡县，朝廷设上、次二胡，出纳君命，总理百僚。当是时，设法制度，皆非先圣先贤之道。为此，设相之后，臣张君王威福，乱自秦起。宰相权重，指鹿为马。自秦以下，人人君天下者，皆不鉴秦设相之患，相人而命之，往往病及于君国者。”及至洪武十三年正月，左丞相胡惟庸因“谋危社稷”被处死，朱元璋对大臣们宣布道：“朕欲革去中书省，升六部，仿古六卿之制，仰之各司所事，更五军都督府，以分领军卫。如此则权不专于一司，事不留于塞蔽。”接着便废除了中书省和丞相，将中书省的权力分属于吏、户、礼、兵、刑、工六部，将各部尚书由原先的正三品升至正二品，侍郎由正四品升为正三品，下属郎中、员外郎。

六部职权加重，同时又分司政务，取代中书省成为全国最高行政管理机构。至此，中国历史上相沿已久的丞相制度被彻底废除，皇权空前扩大了。后来，朱元璋经过十几年的政治实践，认为这一改革取得了成功，并足以法之万世，便作为遗训教诫后世子孙，道：“自古三公论道，六卿分职，并不曾设立丞相。自秦始置丞相，不旋踵而亡。汉、唐、宋因之，虽有贤相，然其间所用者多有小人，专权乱政……以后子孙做皇帝时，并不许立丞相。臣下敢有奏请设立者，文武群臣即时劾奏，将犯人凌迟，全家处死。”

丞相制度废除后，天下大事皆取决于朱元璋一人，日理万机，政务繁重。尽管他勤勉不怠，可仍感力不能支，遇到棘手之事时，又苦于无人商量，因而作为补充，于洪武十四年又设四辅官，以四季为号，用来协理政事。四辅官的职责是为朱元璋讲座治道，与部院官共同处理某些重大事务：“刑官议狱，四辅及谏院复核奏行。有疑激，四辅官封驳”；“和谏院官一起审查各地荐举的人才”，“凡郡县所举诸科贤才至京者，日引至端门庑下，令四辅官、谏院官与之议论，以观其才能”。但是，这些四辅官多是来自山野的老儒，没有政治经验，起不到协助的作用，对此做了一年尝试后，朱元璋又觉无益于事，便下令予以废除。不用四辅官，政务繁重的压力又至，于是仿效宋制，置殿阁大学士，名义上的职责是辅导太子，实际上则是“授餐大内，常待天子殿阁下，避宰相之名，又名内阁”，“内阁”之称自此而来。不过，内阁只起参谋顾问作用，至于决策权，则仍然掌握在皇帝的手中。后来，经过建文、永乐、洪熙、宣德诸朝的发展，内阁制度初步完善成熟起来。

在废除中书省的同时，朱元璋又撤销大都督府，改设前、后、左、右、中所谓的五军都督府，以分散中央军事机构的权力。并规定五军都督府管兵籍，掌军政，但无调动军队之权，兵部掌军官控选和军令，但无直接指挥军队的权力。“征伐则皇帝命充总兵官，调卫所军领之；既旋则上所佩印，官军各回卫所”，“兵部有出兵之令，而无统兵之权；五军有统军之权，而无出兵之令……合之则呼吸相通，分之则犬牙相制”，这样，军权也就会完全掌握在了皇帝手中。

御史台本是中央的监察机构，但在洪武十三年，朱元璋宣布废除，而于十五年改置都察院，并赋予更大的职权，代表皇帝对行政和军事系统实行监督。都察院的长官为左、右都御史，负责“纠劾百司，辨明冤枉，提督各道”，凡“大臣奸邪，小人构党，作威福乱政者”、“百官猥葺贪冒，坏官纪者”、“学术不正，上书陈言变乱成宪，希进用者”，均可举发弹劾，遇有朝勤、考察，还可“同吏部司贤否陟黜”。朱元璋说：“以六部为朕总理庶务，都察院为朕耳目。”

都察院的监察职能扩大，更进一步地限制了朝臣擅权、结党情况的发生，扩大和强化了皇权。都察院以都御史为正二品，时称“台职”，与部职并重，故都御史与六部尚书合称“七卿”。都御史下设十三道监察御史，分散于全国十三布政使司，每道设七至十一人，共一百二十人，是朱元璋用以缩制大官，“主察纠内外百司之官邪，或露章面劾或封章奏劾”，负监视与纠举职责的官员。都察院与六部分权并立，又互相牵制，更进一步产生了良性之效，有力地维护了皇权。

洪武十四年，朱元璋又置大理寺，长官为大理寺卿，“掌审诚平反刑狱之政令”。刑部、都察院、五军断事官所推问的狱讼，均需将案牍和囚徒移交大理寺复审，“凡狱具，未经本寺评允，诸司勿得发遣”。它与刑部、都察院合称三法司，组成了一个纠举、审理、复核的完整司法过程。这样，司法部门也被分散了权力，并互相牵制，利于皇帝操纵。

经过改革和整顿，明朝中央集权制度在唐、宋基础上又大大地向前迈进了一步。行政、军事、司法监察三大系统分立，最高决策权则统于皇帝，朱元璋因此成为历史上权力最大的封建独裁者，明朝也成为中国历史上封建中央集权最为成熟最为完善的封建专制王朝。对此，朱元璋曾总结道："我朝罢丞相，设五府、六部、都督院、通政司、大理寺等衙门，分理天下庶务，彼此颌顶，不敢相压，事皆朝廷总之，所以稳当。"从此，这种体制成为明朝历代相沿的定制，朱元璋下令不得妄自更改，规定："后世敢有言改更祖法者，即以奸臣论，无赦。"

中国历史上的中央集权经过各个朝代的逐步强化，至朱元璋时达到一个高潮，而至雍正则到峰顶。这两个强权帝王的集权"接力"也确使行政组织机构的效率大大提高了。

不允许害群之马出来捣乱

统御者如果对害群之马听之任之，犹豫观望的人也会逐渐胆子大起来，成为害群之马的追随者。这种局面一旦形成，统御者就不可能再控制局面。雍正对害群之马采取坚决打击的态度，以强有力的手段惩治捣乱者以儆效尤。

以地方绅衿靠自己的头衔包揽地方钱粮或抗粮为例，他们常常打着儒户或宦户的名号，将亲族或友人的田产挂在自己名下，以此来逃避税收，或干脆明目张胆地抗粮不交，这是当时的一种不良社会现象。对此，雍正采取了强力的手段。

如有一名贡生包揽钱粮的案件被雍正查知了，于是雍正下令将这一名叫张鹏生的贡生枷号三个月，杖责四十大板，并拿他作典型，杖责之后将其发配到黑龙江去充军。同时还就此趁热打铁，命令吏部重新拟定了一部法令，以制止绅衿包揽钱粮的恶习。

由此，雍正向全国发布了这一项新拟的法令，明令指出："凡贡生、监生因包揽钱粮而有拖欠的，不论多少，一律革去功名。包揽拖欠至八十两的，以贪赃枉法罪论处；并照所纳之数，追加一半罚款。地方百姓听人揽纳，则照不应律治罚；对失察的地方官吏，则给予罚俸一年的惩罚。”

雍正这项新法的出台，可以说是面面俱到，即：用革去功名追加罚款的办法阻止了贡生监生的不法行为；对听由绅衿包揽的百姓也给予了应有的惩罚——这就有力地阻止了平民百姓任由绅衿包揽的状况；对失察的官吏也采取了约束措施，即罚其俸银。

因此可以说，雍正在这件事上是采取了三管齐下、各个击破的策略。因为只有同时控制住了官、民和绅衿这三个环节之后，才能达到应有的效果。由此看来，雍正在治理不法绅衿这个问题上，不但施政严猛，而且还智虑周详，别具慧眼。

另外，绅衿本人抗税抗粮乃至拖欠粮赋更是一个棘手的问题。由于绅衿们有功名在身，又在当地有一定的号召力，因此连当地的官员也要对他们礼敬三分。

比如当时的山东绅衿就拖欠钱粮成风，有“不欠钱粮，不算好汉”的口号在民间广为流传。因此，雍正将山东的进士、举人、秀才、监生等一千多人革去了功名。

再比如湖广地区也不断发生士民抗粮事件，并且这些人纠结一处，公然与官府对抗，雍正在得知此事后指示：“此等刁风恶习，自当一一执法惩究，尤贵平日不时访察，化导于早也。”

害群之马有时也许只是局部性问题，但如果对全局也具有典型性的意义，那就必须从全局的高度看待和处理。否则，小问题也可能发展成为大麻烦。

参悟“无为”的帝王统御之道

在古代帝王的统御术中，有一种名为“无为而治”的权术，主要表现为深藏不露、诡诈多变。这就是道家和法家所极力称道的帝王南面君人之术。

“无为而治”是道家的政治哲学，主要是说统治者应尽量克制欲望，不要劳民扰民，对政事少干预，顺其自然，垂拱而治，这样做就会收到“无为而无不为”的效果，使社会得到大治。后来，他们进一步把这一原则用在君臣关系方面，于是便发展成一套颇具特色的帝王权术学。

这一帝王权术的内容，首先是指君主不要亲自处理政务，而是指挥臣下干一切事情，使自己处在虚静无为的地位，垂拱而治。君主逞能恃才，事必躬亲，其实并不表明君主的聪明，反倒表现出君主的无本事和低能。法家认为，如果人君亲自处理一切政务，这是代臣下蒙劳负任，而臣下反而无所事事，享受安逸。这样，君主就把自己降到臣下的地位了；另外，君主处处争先逞能，容易把自己的一切长短优劣都暴露给臣下，而使君主失去主动权，处于被动的尴尬地位。君主的职责是用臣，而不是代臣下办事。君主如果能够像汉高祖那样善于用将，善于任用和指挥天下最有才智的人为其尽力，这才是最高明的统治艺术。韩非说：

“明君在上行无为之道，群臣在下则竦惧而不敢为非。明君之道，使智者尽其思虑，而君主因之以断事，故君之智慧无穷；使贤者贡献才能，君主因而任之，故君之才能无穷；办事有功则君主受贤名，有过则臣下承担罪责，故君之声誉无穷。如此，君主虽不贤，可为贤者之师；君主虽不智，可为智者之准则。能使臣任其劳，而君有其成功，此即君主之常法。为君之道在于使臣下无从观测，无从知晓。君主虚静无为，暗中观察臣下的过失，见若不见，闻若不闻，知若不知；知其言则验其言行是否一致，每一官职设一人，无令其相互通气，则万物之情尽显。君主要掩盖行迹，隐匿念头，使臣下无从推测；去掉智巧，不显才能，臣下就无从揣度。不泄露意图而考核臣下是否与我一致，谨慎而牢固地执掌权柄。杜绝臣下的欲望，破除臣下的意欲，无使其贪求我之权柄……为君之道，以静退为贵，不亲操事务而知臣下办事之巧拙，不亲自谋虑而知臣下之谋虑是祸是福。”

韩非的这一段议论把这种“无为而治”的要旨讲得非常明白。在法家眼里，无为之术是君主驾驭臣下的一种特殊手段。这一权术的特点就在于：君主在驾驭臣下时，要处在虚、静的地位，以虚制实，以静制动，大智若愚，以“无为”而达到“无不为”。这一权术的内容可以归纳为以下五个方面：

其一，君主要深居简出，神出鬼没，隐蔽自己的行踪，使自己在臣下的心目中充满着高深莫测的神秘感。这种神秘感会对臣下产生巨大的威慑力量。在这方面秦始皇最为典型。他经常变换居住的宫室，严禁侍从把他的言行透露给大臣。侍从违令，泄露了他的行踪，就要被处死。汉武帝经常潜游离馆，外朝官难以面见帝王，凡请奏机宜，多由宦官充任，这就增强了汉武帝的神秘性。明世宗十几年不见大臣，有一次，他在内廷召见大臣，几位大臣战战兢兢，诚惶诚恐。世宗听了汇报后，感到不满，哼了一声，一位大臣当即吓得屎尿失禁，秽气熏天，被内侍拖出了内廷。

其二，君主对任何事情都不要事先表态，不要流露出自己的意向。只要君主有任何意向性的表示，臣下都会钻空子，或乘机作弄，这样一来，人主就难免受到迷惑。君主应该尽量让臣下发表意见，让他们尽力去做，自己则冷眼旁观，不露声色，不置可否，在暗中观察臣下的一举一动，伺机捕捉臣下的过失。这就是韩非所主张的"虚静无事，以睛观疵"之术。

其三，君主不要显示自己的欲望，不要随便表示自己的好恶。韩非说，君主不要显示自己的欲望，若君主显示出欲望，臣下将千方百计满足君主的欲望以献媚；君主不要暴露心意，若君主暴露心意，臣下将显示其异能以投其所好。所以君主能隐蔽好恶之情，臣下就能现出本质。臣下总是要千方百计地伺察君主的欲望和好恶，然后投其所好，设诱饵以钓之。据说，燕昭侯爱说梦话，为了不把自己的心思泄露给侍从，经常独寝一室。

其四，用权术参验群臣，以察奸邪。韩非对君主参验臣下的权术列举得非常详细，其大意是：参听众人之言，以知其是否忠诚；改易臣下任职之地及其职位，以观其实际才能；根据现有的事实推测审查其隐私隐情，举其往事以知其现状；通过亲昵之人而探其内情；以诡谲之道而使之，以杜绝其渎慢行为；故意说错话，说反话，做错事，试探所怀疑的人，以得奸情；派间谍监视、伺察专任之臣；扬言欲做某事，以察好人动静；故意显示意欲好恶，以观察人臣的正直或谄谀；臣下结成朋党，则从中挑拨离间，制造事端，使其内部争斗，以散其党羽；详尽掌握一事的原委细节，以惊惧臣下之心，等等。隋文帝就曾派人向官吏行贿，凡接受贿赂者皆处以重刑。唐太宗为了考察官吏是否廉洁，也密使左右向掌管全国关卡通行以及赋税事务的司农令史行贿。该人受绢一匹，就以贿赂之罪杀之。宋太宗即位之初，为了考察臣下处理刑事案件是否公正，用权威镇服臣下，令侍从用自己的佩刀杀死一个在富户门前无理取闹的乞丐，然后弃刀而去。案件上报朝廷，太宗下令严加搜查，务必缉拿凶犯。官府以刀为证据而判该富户犯有杀人罪。刑官将审理结果上奏朝廷，太宗问："该犯服其罪吗？"刑官答曰："服矣。"太宗令献上刀来，又叫内侍取来自己的刀鞘，对刑官说："此为朕所佩之刀，乞丐实为朕使人所杀，你如何冤枉好人？"于是，满朝文武大臣始知太宗治臣有术。

其五，君主驾驭臣下要诡诈多变，出其不意，使其防不胜防，因而不得不慑服于君主的威势。楚汉战争时，张耳、韩信统帅汉军救赵。一天早晨，刘邦带领侍从突然驰入军营。张耳、韩信尚在睡梦之中。刘邦直入其卧室收夺其印信符节，然后才召集众将听令。张耳、韩信从梦中醒来，方知汉王来临，不禁大惊失色。汉王遂命令张耳守赵地，同时拜韩信为相国，全权统兵进攻齐地。刘邦的诡诈之术，就连韩信也佩服之至，由衷地称颂他"善于将将"。

总之，历代帝王对这种"无为之术"非常欣赏，并奉为圭臬。他们在统治过程中，无不熟练地运用这些权术，纵横捭阖。就连唐太宗这样一位被历代士大夫奉为至圣至仁的明君，虽然极力主张对臣下推心置腹，以诚相待，但在其晚年，也多次运用权术驾驭臣下。这是因为在集权专制的封建时代，皇权与其他集团之间始终存在着矛盾冲突，皇权的至尊无上和不容染指，决定了君臣关系中存在阴谋权术的必然性。

第二章

明断：明智统御才能用对人

统御人才最需要的是明断，而只有明智的帝王才能做到明断，因为明智能让统御者看清好人坏人、能人庸人、大人小人；统御人才最难做到的是明智，因为统御者会受到各种感性因素的制约，受到各种表面现象的蒙蔽。历史上有不少帝王是以明智见长的统御大师，他们明事理长短，明人才优劣，明人言是非，从而造就了一个个人才济济的王朝。

不以个人的爱憎、好恶影响识人

帝王认定一个人才的最高标准是此人能不能为国家的最高利益服务，所以对人的看法，不能以个人的好恶来决定其好坏。因为人的兴趣、爱好、性格各有所异，不能只凭自己的爱好，以己之见来断定某人是否为贤。有的管理者往往以感情用事，看到某人的脾气和志趣与己相投，便不再注意这个人的其他方面，就把他当成了人才。这样，往往会有只有情投意合才被重用，搞自己的“人才小圈子”，而埋没了很多为领导者所“不了解”的人才的现象发生。

刘备在未得到诸葛亮之前，只凭个人的喜好作为识人标准，凭个人的印象和臆测选识人才，并自认为已“文有孙乾、糜竺之辈，武有关、张、赵之流”。殊不知，天下之广，人外有人。只凭个人感情来评判人，结果往往会走入迷津。他常叹自己思贤若渴，身边无人才，以至于第一次见到司马水镜时竟无端埋怨说，我刘备也经常只身探求深谷中的隐贤，却并没有遇到过什么真正的人才。司马水镜引用孔子的一段话，批驳了刘备的错误观点，说：“孔子说过‘十室之邑，必有忠信’，怎么能说无人才呢？”继而又指出，荆襄一带就有奇才，你应该去访求，就此为三顾茅庐打开了帷幕。所以，仅凭长官意志、个人印象来肯定或否定某个人，只能空怀爱才之心，不会得到真正的人才。

唐高宗时，大臣卢承庆专门负责对官员进行政绩考核。被考核人中有一名粮草督运官，一次在运粮途中突遇暴风，粮食几乎全被吹光了。卢承庆便给这个运粮官以“监运损粮考中下”的鉴定。谁知这位运粮官神态怡然，一副无所谓的样子，脚步轻盈地出了官府。卢承庆见此认为这位运粮官有雅量，马上将他召回，随后将评语改为“非力所及考中中”。可是，这位运粮官仍然不喜不愧，也不感恩致谢。原来这位运粮官早先是粮库的混事儿，对政绩毫不在意，做事本来就松懈涣散，恰好粮草督办缺一名主管，暂时将他做了替补。没想到卢承庆本人恰是感情用事之人，办事、为官没有原则，二人可谓“志趣、性格相投”。于是，卢承庆大笔一挥，又将评语改为“宠辱不惊考上上”。卢公凭自己的观感和情绪，便将一名官员的鉴定评语从六等升擢为一等，实可谓随心所欲。这种融合个人爱憎好恶、感情用事的做法，根本不可能反映官员的真实政绩，也失去了公正衡量官员的客观标准，势必产生“爱而不知其恶，憎而遂忘其善”的弊端。这样，最容易出现吹牛拍马者围在领导者左右，专拣领导喜欢的事情、话语来迎合领导的趣味和喜好。久而久之，领导者就会凭自己的意志来识别人才，对他有好感的人便委以重任；而对与领导保持距离、印象不深的人，即使真有实才，恐怕也不会委以重任。所以说，偏爱偏恶对人的识才与任用是片面的，对国家、对事业将会带来不良后果。

最典型的事例要算是秦始皇以自己的爱憎标准来判定“接班人”，致使江山断送的那段历史了。秦始皇偏爱幼子胡亥，偏恶长子扶苏，这与他重法轻儒有关。秦始皇非常信仰法家学说，他喜读韩非的《孤愤》，是因韩非的思想对他进行统一战争很有作用。韩非指出，国家强弱的关键在于“以法为教”、“以吏为师”。由于秦始皇崇信法家思想，蔑视以“仁爱”为核心的儒家思想，更容不得其他思想的存在。恰恰在这个关键问题上，扶苏与之意见相反，他坚持儒家思想，建议以仁义治国，以德服天下。这引起秦始皇的不满，赶扶苏去做监军。因赵高学法，而赵高又是胡亥之师，所以，始皇宠信胡亥。不可否认，秦始皇以法治国对统一中国是起了决定作用的，但爱憎要实事求是，不能偏爱、偏恶。任何学说，都有其产生的客观原因，有其合理的部分，但都必须随时代的变化、条件的更新而向前发展，或被其他学说所吸收，或兼容并蓄。而秦始皇统一中国后仍严刑峻法；加之，私欲膨胀，至胡亥更甚，民不聊生，暴秦终被推翻。正是秦始皇不讲德治，对长子的直谏不采其合理之言，反而责为异端；对以法为名实为害民的胡亥、赵高等爱之、用之，使其以谗言陷害扶苏得以夺权篡位，致使秦传至二世而亡。

所以说，识人才，绝不能仅凭自己的爱憎，轻易断言。

发现统御人才的过失就及时改正

帝王统御人绝不凭主观印象取舍人才，而是根据事实，也就是根据你所做的具体事情来判断一个人，使用一个人。唯其如此，当他被一时的假象或他人的谎言所欺骗做出错误的决策后，一旦知道，他会明智而大度地认错，这在古代的帝王中可说十分少见。

错而不知、知错不改在普通人中亦属常见，而康熙在统御上能够主动认错，便显得殊足可贵了。

康熙将河务总督靳辅革职后，朝野之间刮起一股彻底否定靳辅之风。认为凡是经靳辅历年完成的各项治河工程全是错的，必须废掉。尤其是在新任河务总督王新命尚未到任、无人负责的情况下，这股风极易造成混乱，使治河计划的实施遭到破坏，以致影响漕运。了解到这种情况后，康熙于二十七年四月二日，特派学士凯音布、侍卫马武等，前往看阅靳辅在被撤职前刚刚完成的中河工程。

原来运道自清河至宿迁，借用黄河，因风涛险恶而常出事故。靳辅从二十五年始，自骆马湖，沿黄河北岸，于遥、缕二堤之间开渠，历宿迁、桃源至清河仲家庄出口，起名中河。对于这条中河，于成龙等人认为“无所裨益，甚为累民”。河道已被靳辅大坏。然而经凯音布等人调查证实：

中河内商贾船行不绝。据此，康熙于四月十八日，向大学士、学士、九卿、詹事、科道等官员宣布：

近几年以来，漕艘亦未至有误，若谓靳辅治河全无裨益，不独靳辅不服，朕亦不惬于心。于成龙在直隶爱民缉盗，居官颇优，但怀挟私仇，阻挠河务，殊为不合。朕非欲起用靳辅，只为河务关系之重大，今九卿将靳辅议罪，皆言其治河无益。若王新命闻知，亦顺从于成龙之说，以靳辅所治不善，大坏河道，将原修之处尽行更改，是伊等各怀私忿，遂致贻误河工，可乎？

凯音布等还向皇上奏报原总漕慕天颜破坏河工、漕运，中河所行漕船被他勒令退回，说是“支河之口，不许闭塞”。康熙谕令：将慕天颜捉拿夹讯，追问唆使者。

由于形势复杂，康熙命兵部尚书张玉书、刑部尚书图纳、左都御史马齐等人，全面视察靳辅主持的河工，要求他们：务将毛城铺、高家堰等地方情况总结归纳：就靳辅所修之处，其甚善而断不改者有几；不善而应改者有几；详悉商酌。五月一日，康熙再次谕令：尔等至彼处，从公详看，是是是，非是非，据实具奏。八月十五日，张玉书、图纳、马齐等回奏勘阅结果，对靳辅多年的治河成就予以肯定，其已建闸堤岸及已浚引河，建议俱应如靳辅所定章程，毋庸更改。对中河工程也予以肯定，仅因中河狭窄，恐水大不能容蓄，建议于北岸建减水坝三座，以便减泄。待九卿等会议时不敢做主，于是请皇上再次临视河工，指示修筑，以折服众论。

康熙采纳九卿等官建议，于二十八年一月八日起进行第二次南巡，命靳辅、于成龙随行，躬历河道，兼欲观览民情。三月十九日回京，历时七十天，康熙通过这次南巡，增强了对靳辅的进一步了解和认识，于三月二十一日听政时宣布：

朕又一次南巡阅河，闻江、淮诸处百姓及行船夫役，俱称颂原总督靳辅，感念不忘。且见靳辅疏理河道及修筑上河一带堤岸，于河工有成效，且实心任事，克著勤劳。前革职属过，可照原品致任官例，复其从前衔级。

“前革职属过”，意思是说对靳辅的革职是错的。作为一名皇帝，主动认错，意义非同小可。此事反映了康熙实事求是的精神和把握局势、拨乱反正的英明智慧。同年，靳辅奉旨纂修《治河方略》完成，进呈皇上，使以后凡遇河工方面的问题，俱问靳辅。靳辅这时也极为谦虚、谨慎，积极支持皇帝的正确见解，并加以补充说明，使康熙甚为满意。

靳辅复任时尚不满六十岁，未步入老年行列。但因其毕生辛勤工作，又遭遇坎坷，故体弱多病，加上复任后感恩图报，竟在奉命由黄河向山西督运救灾漕粮时，病倒在河南。经医诊治无效，于三十一年十一月去世。

靳辅卧病时，自知时日不多，接连上疏黄淮两河善后之策及河工守成事宜数万言。又请豁免开河筑堤废田之粮，并清淤出成熟地亩。康熙得知靳辅病重，特命自己的儿子前往省视，又命内大臣前往照料，等靳辅病故后，降旨悼念，下部议恤，赐祭葬，并对遗疏极为重视，仔细研究。其中仅高家堰堤外另筑小堤和引黄水内灌淤平洼地两项未用，其他诸如重视黄河险工，加筑中河遥堤、塞张庄运口、修骆马湖石闸以及占用民地豁免钱粮等等，均予采纳，并逐项予以落实。

经过十余年开浚下河的实践，康熙已逐渐认识到自己过去坚持开浚下河是错误的，而靳辅以地势低洼反对开浚则是完全正确的。明白这一点，康熙对大学士等说：下河入海之处，朕虽未及亲览，但常听人说，盐城一带地势极低，海水反高，建闸无益。朕前虽特令于成龙、凯音布修治，毫无益处。

至十二月，康熙对大学士说：曾命凯音布、孙在丰、于成龙、王新命等专司开浚。伊等俱奏工程告竣，田亩并未调出，所谓有益民生者何在？自此，康熙不再贸然地对待众臣，为朝野人士所瞩目。

康熙之所以能知错认错，在于他统御人是因事而用，一旦发现自己对事情的判断有误，对人的判断也有不当之处而予以改正。这种实事求是的统御的态度是康熙在统御人才上少犯错误的保证。

不要用静止的眼光看人

因事而统御，事在变，人亦在变，看人、统御的眼光也要变。

古语说，士别三日，则当刮目相看。这就是说，人是在不断变化的。三国时，孙权手下有员大将叫吕蒙。他打仗很勇敢，但因小时家贫，没上过学，不懂兵法。每当孙权和大将们谈论兵法时，他就在一旁打瞌睡。孙权劝他多读点书，他总是强调没有时间。孙权教育他说："我每天处理国家大事，还能挤出时间学习，你就不能吗？要知道，有勇无谋成不了大器，只是一介武夫而已！"吕蒙羞得无地自容，回到军营后，天天学文化，夜夜读兵书。两年以后，孙权再和大将们聚会谈论兵法时，吕蒙滔滔不绝，说得有理有据，大家都从心里佩服。吕蒙由有勇无谋变得文武双全，受到孙权的器重。他智擒关羽，收复荆州，为东吴立了大功。

如果孙权总以一介武夫的眼光衡量吕蒙，而断言他没什么发展前途，不鼓励他学习兵法，则吕蒙就只能成为别人眼中的武夫、无才之辈，一代人才就会被埋没。

从上面的事例中可以清楚地看出，用静止、孤立的观点看待人，会把活人看成"死人"。只有在发展中看人，才能真正做到知人善任。

反观今天的某些统御者，平时总是嘴上说自己观察人是多么仔细、多么准确，并且总是能够首先看到人家的发展方向。这些话让手下人不免为之心动。可在实际工作中，他们却往往总是一提到某人，就先从这个人以往的某几件事情上大肆议论，历数他过去的种种过失，然后，就轻易地下结论说，这个人似乎也就这样了，以后难有作为。这种用静止的眼光识人的做法，实际上是在毁灭人才。

人是在发展变化中走向成熟的，总是在不断总结经验教训中增长才干，发挥才能。善于用发展的眼光来识别人才，才是正确的态度。因为他不仅仅是在识察人的潜能，也是在培养和锻炼人的能力。

如果总拿一个人过去的失误来判断他的未来发展，从而否定其潜在的能力，这等于是用其以往的经历以主观臆断来压制他的潜能的发挥，打击他的积极性，同样也是在打击他的自信心、进取心，当然也就更谈不上培养和造就人才了。其实，作为领导者，真正以发展的眼光识别人才，实际上也正是他自身素质不断提高的过程。

看清别有用心者诬陷之举

自古以来，朝堂之上官吏因一己之私诬陷诽谤之事层出不穷，以致小人得志、忠良遇害之事常有。帝王对此宜严问明查，除恶扬善，方能开一朝正直之风。

诬陷是一种十分恶劣的行为，是为了达到个人目的的不实之词。对于统御者来说，它极易混淆视听，造成统御判断上的失误。所以康熙认为，统御之明，首要在于不被别有用心者的无中生有所左右。

康熙末年，江南总督噶礼贪婪而骄横，尤其喜欢诬陷别人。当时，苏州知府陈鹏年为官清廉，刚正不阿，常与噶礼意见相左。噶礼由此怀恨在心，便寻找弹机，欲将陈鹏年充军东北黑龙江。康熙没有同意，觉得陈很有才学，便将陈鹏年调到京城编修图书。噶礼仍不肯罢休，又密奏康熙，说陈鹏年写过一首“游虎兵”的诗，诗中有对康熙怨恨不满的情绪，宜从重整治，并将原诗密封附上。

康熙仔细阅读了陈鹏年的诗，并没有见到陈鹏年诗中有任何对自己怨恨悖谬之心，再细读噶礼的密奏，看出噶礼完全是挟嫌诬陷。

于是，康熙召集众臣，在朝堂上当众宣布：“噶礼其人总爱惹是生非，苏州知府陈鹏年稍有一点声誉，他就想方设法加以诬陷，居然密奏陈鹏年的‘虎兵诗中有怨恨悖谬之心’。我细读之后，见诗中根本没有这种意思，这不纯属诬告，又是什么？！凡卑鄙猥琐的小人，其手段伎俩，大都是这样的，我岂能受这种小人的欺骗？”

康熙说完，将噶礼的密奏和陈鹏年的游虎兵公布于众，让各位大臣们传阅。噶礼自讨没趣，窘困之极。

康熙给噶礼的当头一棒，确实起到了杀一儆百之效，使那些心术不正、好忌恨、诬陷别人的臣下内心惊惧，不得不有所收敛。从而使各位大臣为国家大业而心往一处想，劲往一处使，不再无事生非。

在历史上能像康熙这样圣明的君主的确不多，不过也有偶尔闪出智慧之光者，如西汉昭帝。

与霍光同为辅政大臣的上官桀之子，上官安当上骠骑将军，封桑乐侯。他骄奢淫逸，恃势专横。从宫中出来，对人说：“和我女婿喝了一场，快活极了。”他整日饮酒作乐，与后母、侍婢淫乱。儿子病死，仰而骂天。上官安整日守在大司马府门口，见霍光出来，便缠住他，央求封与其过从甚密的鄂邑长公主的情夫丁外人为侯。霍光不答应，他又央求委任丁外人为光禄大夫。霍光还是不许。上官桀也多次替丁外人说情，也遭到霍光拒绝。

上官父子见霍光不给情面，十分怨恨。上官父子觉得身为皇后的祖父和父亲，有房中宫之嫌，而霍光不过是皇后的外祖父，凭什么大权独揽？父子俩与霍光争权夺利，力图取而代之。

鄂邑长公主听说霍光拒绝官封她的情夫，也极为怨恨。

御史大夫桑弘羊是前朝权臣，论资格、功劳、才能，他都自认在霍光之上。他名义上也是辅政大臣，但权势不仅低于霍光，也不如上官桀。“盐铁会议”上，又遭失败。他曾替子弟谋官，亦遭到霍光的拒绝。他对霍光也甚为怨恨。

于是，上官父子、鄂邑长公主和桑弘羊结成联盟，携手反对霍光。他们担心朝中势力不够，又联络了一个藩王——燕王刘旦。

刘旦是李姬所生，武帝第三子。皇太子刘据自杀，武帝次子刘闳早死，刘旦自以为他应承嗣大位。谁知，皇冠落在武帝少子刘弗陵的头上。他仇视昭帝和辅佐昭帝的霍光。上官父子遣人与他通谋，他毫不犹豫地加入他们反霍光的联盟。

上官桀和桑弘羊暗中收集霍光的过失，把材料交给燕王刘旦。刘旦遣人上疏弹劾霍光："霍光出京去长安东的广明亭检阅御林军，道上称跸，太官供备饮食，僭用天子仪仗；任人唯亲，他的长吏杨敞无功无才却当上了搜粟都尉；他还擅自调动校尉。霍光专权自恣，臣怀疑他图谋不轨，愿归王玺，宿卫京师，保卫皇上。"

上官桀和桑弘羊乘霍光休沐回家之际，劝昭帝把燕王的奏疏下发百官，罢免霍光。不料，昭帝把燕王的奏疏留下，不肯下发。

翌日清晨，霍光上朝，听说燕王弹劾之事，便停在一处叫"画室"的殿中，未敢入朝。

昭帝扫视朝臣，不见霍光的影子，问道："大将军来了吗？"

"听说燕王揭发他的罪行，在外面不敢进来。"上官桀说。他这话够狠毒的，先入为主，断言霍光有罪。

昭帝宣霍光入朝。霍光入，免冠顿首。昭帝说："大将军戴上冠，朕知道燕王奏疏有诈，大将军无罪。"

霍光顿首谢恩，问道："皇上怎知燕王奏疏有诈？"

"大将军去广明亭检阅御林军，广明亭近在咫尺，何需准备饮食？调动校尉一事不出十日，燕王怎能得知？若大将军图谋不轨，不需校尉。"昭帝振振有词地说道。

这年昭帝十四岁。公卿百官听昭帝评析的头头是道，都很惊奇。

燕王遣来上疏的使者仓皇逃跑，昭帝下令通缉。上官桀和桑弘羊害怕了，劝谏昭帝说，此等小事不要追究了。昭帝不理睬他们。

上官桀等人仍不死心，又指使爪牙弹劾霍光，昭帝大怒，说："大将军忠心耿耿，先帝遗命他辅佐朕，谁再敢诋毁，就治谁的罪！"

上官桀等人不敢再造次了。但他们不甘心失败，决心铤而走险。他们定计：由鄂邑长公主出面请霍光吃酒，伏兵诛杀霍光；除掉燕王，废除昭帝，拥立上官桀为帝。

"那皇后怎么办？"一个爪牙问。

上官桀恶狠狠地说："逐麋之狗，哪还理睬一只小兔子！这是千载难逢的大好时机，机不可失！"这个权力狂连自己的小孙女都置之不顾了。

不料，他们的阴谋被稻田使者燕仓侦知，燕仓密报大司农杨敞，杨敞转告谏大夫杜延年，杜延年又奏告昭帝和霍光。昭帝与霍光发兵逮杀上官桀父子、桑弘羊和丁外人，诛灭三族；鄂邑长公主、燕王自杀。上官皇后年少，仅八岁，未参与谋反，再加上她是霍光的外孙女，故未被废黜，仍做她的皇后。

这场政变被粉碎后，朝政统一在昭帝和霍光手中，霍光地位更加稳固，政局也渐趋稳定。

元凤四年（公元前 77 年），昭帝年满十八岁，举行冠礼。按传统，加冠之后，昭帝亲政。

昭帝虽开始亲政，但军权大事仍委以霍光。霍光虽执掌大权但不专权跋扈，君臣相安无事。"成王不疑周公，昭帝委任霍光"，成为历史美谈。

在统御上能够察奸知伪，可让以诬陷为能事者无所藏身，这实在是统御术里的一大智慧。

从异行鉴异人

异人也就是身怀济世之才而又无进身之路的人，异人之所以为异人，必然还有异于常人的思维方式和行为举止，如何通过其行为举止判断一个人果真身负奇学还是实属狂悖之人，需要不同凡响的识人眼光。

有一年，宋太祖赵匡胤到西都（今河南洛阳西）巡幸。车驾将行，突然一名书生拦住圣驾，要向太祖奉上治国之策，太祖惊奇，当即把此人带至行宫。

此人名叫张齐贤，曹州冤句（今山东曹县西北）人，字师亮。三岁时遭逢后晋动乱，徙居至洛阳。少时孤弱贫穷，却好学不倦，心怀大志。

张齐贤随太祖到行宫之后，以石画地，奏陈十条建议：一为攻取并州（今山西太原）、汾州（治今山西汾阳）；二为富民；三曰分封五侯；四曰提供敦睦孝敬；五为推举贤才；六曰兴建太学；七为籍田；八为选拔优良官吏；九为慎重施行刑罚；十为惩处奸邪。宋太祖认为其中四条合乎自己之意，张齐贤却坚持认为十条皆为善策，与太祖争执起来，太祖大怒，立即命令武士将其拖将出去，人们都为张齐贤捏着一把汗。

太祖并没有处罚怪罪，回到京城之后，对其弟赵光义说：“我幸西都，唯得一张齐贤尔，我不欲爵之以官，异时可使辅汝为相也。”

赵匡胤不愧为一代明主，张齐贤以一布衣拦驾献策，并在万乘之尊面前固执己见，他虽乘怒令人将其拽出，但却深知齐贤为治国良才，并嘱其弟将来任用为相，足可见其识人、统御之明。

太宗赵光义继位为帝后，依其兄之言，欲将张齐贤擢为进士高第，而主选官却未选上。太宗遂任命张齐贤以大理评事通判衡州，“时州鞠劫盗，论皆死，齐贤至，活其失入者五人。自荆诸至桂州，水递铺夫数千户，困于邮役，衣食多不给，论奏减其半。”不久便升为秘书丞、知忻州事。后又连连升迁，先后任著作佐郎、直史馆、左拾遗，给事中、知代州。守北部边境多年，皆有战功。端拱二年（公元989），领河东制置方田都部署，入拜刑部侍郎、枢密副使。淳化二年（公元991）、任参知政事，数月之后，便被太宗拜为宰相，任吏部侍郎，同中书门下平章事。此后，张齐贤历仕太宗、真宗两朝，所到之处，多有政绩，后以司空致仕。史称齐贤“四践两府，九居八座，以三公就第，康宁福寿。时罕其比。”

张齐贤以布衣见太祖，即为所知；再为太宗所任用，数历大任；虽可见齐贤之才，更可见宋太祖、太宗之长于识人，善于统御。

第三章

立威：以威权树立统御的威望

依托天命、自命天子，皇权的神秘外衣下，裹着一个重重的威字。威是帝王领导智慧的精髓，所以，帝王会用各种各样的方式立威，会以无所不用其极的手段护威，以至于成了帝王的一种象征和符号，即使坐在龙椅上的是三岁孩童，照样能成为天下共主。可以说，帝王有了威，也就找到了一条控制全局的捷径。

以等级差别制造威仪

我们知道，古代官员不同品级的服饰有着严格的区分，以此强化位高者的威严和尊贵，而帝王与臣下之间这种区别就更加细致和严厉，稍有违制就是僭越，就要杀头。确实，服饰、礼仪这些表面化的东西是制造等级差别的直观、简便的方式，这一方式应当说是从秦始皇时开始强化的。

秦始皇不仅要求自己的名号要和别人不一样，甚至是印章、用具、衣饰、车马也要与众不同，要超过以往所有的国君。只有这样，才能制造出有利于统治的等级制度，有利于高度的中央集权制。

在规定了自己的特殊地位后，秦始皇又规定了专用的器物。这些物品的形状、大小、名称，也同皇帝这个名号一样神圣不可侵犯。早在春秋之时，儒家学派就认为君王所用的物品是经国家、定社稷、序氏人、利后嗣的重要凭据，绝对不能有丝毫的错乱。秦始皇虽然热衷于法家思想，但少时也学了《吕氏春秋》中的礼法制度，对制造森严的等级壁垒存在着不小的热情。按他的观点，如果平民用的器物都和他相同，与百姓根本分不出高低贵贱，怎可显示始皇帝的威仪，而天下人又怎会尊重他呢？于是，嬴政在规定自己专用的属物之上也不无霸气。

首先，他将“玉玺”规定为皇帝专用，玉玺也就是玉刻制的印章。在秦之前，平民百姓都可以以金玉为生，上面有龙虎兽钮，根本不存在等级之分。而始皇嬴政规定玉单为皇帝所独有，臣民自此就不得以玉治印，也不得称之为玺了。

按照嬴政崇尚的水德之法则，他为自己准备了“乘舆六玺”，即皇帝行玺、皇帝之玺、皇帝信玺、天子行玺、天子之玺、天子信玺。除此之外，他还拥有一块“传国玉玺”，这块玉玺稀世珍有，是始皇帝换得的一块蓝田美玉，并由李斯刻文曰“受命于天，既寿永昌”的传世之宝。可惜的是这块玉玺至今仍下落不明，否则一定是无价之宝了。很显然，当时这样的无价之宝，平民百姓是根本无法得到的，更不用说拥有，这就说明嬴政是从根本上就规定了他与平民的天壤之别。在自己的大印刻上“受命于天，既寿永昌”的字样，完全是为表示他的皇权是上天授予的，是神授之物。既然是神授之物，就得有特别的专崇，由于“玺”字与“死”音似，嬴政干脆将给改为宝，并下令不准臣民的印章也称为宝。

除了宝印之外，嬴政对服饰、车马等的要求也与众不同。在春秋战国诸侯混战之时，由于礼法崩溃，周天子地位日渐低下，诸侯和卿大夫“竞修奇丽之服，饰以舆马纹络玉缨象镰金鞍以相夸”。嬴政攻灭六国之后，自然不容许这种混乱无序的现象再继续下去，于是他制定了严格的服饰制度以分尊卑，标识等级，以此来显示自己的至高无上。

其实，嬴政自当上皇帝之后，所带的通天冠就与众不同。此冠高九寸，正竖，顶少斜，直下，以铁为卷梁，前有卷筒。这种冠及其他皇帝的服装，臣民们绝对不能穿，否则，等待的必是极刑无疑。另外，皇帝的一切服饰佩挂，臣民们也不得仿造，甚至是冠帽前所垂的流苏数都不能和皇帝的一样。

除了服饰不得与皇帝相同之外，臣民的住宅规模、门前狮子装饰物，等等，一切家居用品，都不得与皇帝相同。否则也只有一个死。所以，正是从秦始皇开始，天子的一切吃、喝、器皿等制式都变成了法律，存在于国法之中，平常人稍有疏忽而仿之，都将被绳之以法。

在车马的配置上，嬴政追求的仍是超然于臣民之上。嬴政一生曾经五次巡游天下，他出游时，仅属车队伍就有八十一乘。其中皇帝坐的车由六匹马所驾，饰以美艳绝伦的金装饰，叫金银车。而皇帝的属车则都是皂盖朱里，车顶及其他部位全部绘上色泽艳丽的变形蒙龙凤，卷云纹，而车子的小部件则镶以按花金银为饰，豪华气派无人敢比。

从过去出土的秦始皇所用御铜车马来看，嬴政的车属可谓豪华之极，内部物品简直可以与一辆现在的名牌汽车相媲美。皇帝所用车辆不但要和常人不同，连驾车的马匹都有被修整得十分漂亮的马鬃。在外侧右骏马的头上，还有一种带璎珞的饰物，叫做左纛，它既能够为御官指示前进的方向，方便向左转弯，又可为始皇帝的车驾增添气势。嬴政把自己的一切都弄成最尊贵的等级，未必不是下臣们的安排，但要指出的是，他正是通过这种等级差别来显示君王之威仪，从而来维护国法所规定的种种等级制度和特权制度，由此可以说，他之所以这样做，目的在于以身垂范。

可以说，从成为始皇帝的第一天起，始皇嬴政制定了自己的特定称谓，制定了尊君朝仪，严格了避讳制，废除谥法，规定了天子服饰、车马、器物等级。这一系列的举措其实就是政治作为，都在证明，秦始皇想达到一个天下人都“尊君”、“畏君”的目的，他要远远高居于众人之上；要间隔出他与千百万常人之间不可逾越的距离来，给自己确立一个超人的地位。

不管怎么说，秦始皇的这一套在那个时代还是有效的，要不然，刘邦怎么会在打下天下之初就忙着建立朝仪，并发出“知皇帝之尊”的感慨呢！

刘邦在定陶称帝时，限于当时的条件，仪式搞得非常简单。他的那些文臣武将们，多数出身于布衣，对官场上的礼仪规矩，既不了解，也不习惯。大家多年在一起征战，互相都很熟悉，彼此之间随便惯了，没有形成高低贵贱的等级观念。因此，朝廷举行宴会时，群臣互相争功，喝醉了，狂呼乱叫，甚至拔剑击桩，全不把皇帝的威严当回事。刘邦对此非常焦虑。

这时，有个叫叔孙通的人，建议刘邦制定一套礼仪，即上朝的仪式。

刘邦听了很高兴，但对这心中无数，问：“这套礼仪该不会很难吧？”叔孙通回答：“古代各个朝代都有自己的礼仪。这些礼仪都是根据需要制定出来的，又是为当时的人和事服务的。臣想采用古时各代礼仪之长，参照秦朝的制度，结合现在的实际，定出一套新的规章，由陛下审核。”刘邦点点头，叮咛他：“可以试一试，但不要搞得太繁杂了。简单一点，使大家好学习，好领会。”

叔孙通在鲁地仔细筛选了三十多个儒生。其中有两个人坚决不愿应聘，并骂他说：“你侍奉过的主子将近十个了。光知道靠拍马屁得到器重，按照古代的规矩，制利作乐，需要积德百年以后才可考虑。如今天下初定，战死的没有埋葬，受伤的尚未痊愈，你又想出这个风头，真是异想天开，亵渎圣明。我们不愿受你愚弄，去白费力气。”叔孙通反唇相讥：“不识时务的腐儒，因循守旧的老朽，没有你们的参与，事情照样办得成功。”

叔孙通组织三十个鲁儒，按尊君抑臣，上宽下严的精神，拟定了详尽的礼仪规则。又在京城外找了一处僻静的地方，周围用席严严实实地隔挡起来，中间用木棍和竹竿做成各种标记，作为排练场。他领着自己的门生和高祖皇帝派来的官员共百余人，吃住在里面，按规则紧张地操演了一个多月，各人基本熟悉了，再请高祖皇帝审阅。刘邦亲自实践了一番，高兴地说：“这我完全学得会！”随即传旨：所有文武大臣都去郊外跟叔孙通认真学习。历史上把这件事叫做“绵蕞习仪”。

由丞相萧何主持修葺的长乐宫竣工了。刘邦指示，于汉七年元旦在新落成的长乐宫举行首次朝贺大典。

这一天，东方刚刚泛白，值官就让早早恭候在殿外的文武官员按职位高低排列成序。大殿上下，五色龙凤旗迎风招展，钟鼓声起落有致。卫士执前，郎中执前，精神抖擞地站在台阶两侧。司仪发一声“趋”的命令，百官一律踏着整齐的碎步，小跑着进入大殿。列侯武将在西边，面朝东；丞相以下文官站在东边，面朝西，个个诚惶诚恐，双手垂立，恭候皇帝驾临。皇帝坐着辇车，在近侍的簇拥下，从寝宫里缓缓驶来，在龙床上面向南岿然而坐。司仪官指挥群臣依次恭恭敬敬地为皇帝祝寿。酒过九巡，司仪宣布“酒宴到此结束！”群臣依序退出。整个仪式自始至终秩序井然。臣僚们目不敢乱视，头不敢仰观，甚至大气也不敢喘一声。几个大臣的动作稍微有点不够规范，立即就被负责监察的御史带出殿堂。所以，这一天没有发生一件犯规趋礼的事情。

刘邦的心情特别高兴，情不自禁地说道：“寡人今天知道做皇帝的尊贵了！”

古代帝王对服饰、仪式的重视自有其深意，这种意义不仅仅在于如汉高祖所言“知道做皇帝的尊贵”，更在于在形式，人为地制造威严、威望，从而为其建立、使用威权铺路。

建立规矩，以成方圆

君主建立威权，仅仅依靠仪式等表面上的东西是远远不够的，还要在君臣关系上建立起一套行之有效的规矩，其中让君臣通晓职分、各自守责办事即为一项十分重要的内容。

嬴政在君臣关系上表现出了由他而始的传统智慧，这种智慧可以用一句话来加以概括："君执圆，臣处方。"在君臣关系上，君主遵循大自然的运行规律自然而然运转，甚至何时日月星辰、何时雷电风云都由君主一手掌握，意即他执掌全国号令，将号令当作生命；臣下要像万物期承阳光雨露那样按时令节气自然生长发育，臣下还要端平正直，执行号令，雷厉风行。按照他的理论，只有君臣上下各安执分，各守本职，官僚机器才能得以正常运转，君王才能有序地治理国家，使国家昌盛。否则，职分颠倒，有令不行，有禁不止，就会乾坤颠倒，导致混乱局面出现。这种理论今天看来当然是十分平常，甚或是陈旧的，说得好听点是质朴的，然而能最初认识到并加以总结，却殊非人杰莫为。

嬴政让君臣通晓职分的内容包括：君主设立官职要公正无私、不让有罪的臣子有隐私蒙蔽其上、不把自己的子孙安排在高位而让坦荡正直的臣下担负重任。平心而论，这三个主要方面，在当今社会要真正做到也是很难的。

关于设立官职公正无私——在这一点上嬴政决不含糊。在他一统天下之时，为了充分发挥人才的智谋，嬴政在使用统御人才上做到了量才而用，如任李斯为客卿，拜尉缭为都尉等，让他们到国家的核心权力机构中来，参与战争的重大决策。而对身边那帮亲近的臣子，虽然君臣关系亲密，却没有因私而得到重用。可见嬴政统治时期，在设立官职任用官员上十分公正。

及至一统天下之后，国家的核心权力机构仍在由嬴政领导的一批有才之士的手中控制，如宰相王绾、李斯、晚状等，均为才华卓著之士。这也表明了作为一国之主的嬴政在设立官职上的公正和无私。设立官职能够做到公正无私，就能保证国家机器的廉洁与高效运转，就能形成一个朝气蓬勃的政治集团，从秦一统天下后的情况看，的确如此。

关于防止罪臣蒙蔽皇帝——在这方面，可以说始皇嬴政做到了对贤臣统御不疑，但他也从不轻易信任一臣子，因为他接受了荀子“人性恶”的学说。嬴政在巡游时曾公开宣称：“禁止建溢，男女洁诚。”即对于纵欲放荡的行为只有采取严厉禁止的办法，才能保证人的纯洁和真诚，只有通过刑罚才能改变人的恶性。这种言论顺理成章地导致了嬴政“以吏为师”思想的产生。在这种思想促动下，他在行政上“专任狱吏”。在他统治时期，“博士虽七十人，特备员弗用。丞相诸大臣皆受成事。”不难想到，博士诸大臣都得不到信任，唯独狱吏受到特别的倚重，这表明嬴政在君臣的相互信赖上持慎重态度，他决不会让罪臣蒙蔽自己。

《六韬》第一篇韬文中说：“钧有三权，禄等以权，死等以权，官等以权，”意即人君钓得天下，有三种权衡操在手中；倘若以厚禄等礼贤士，就操有使贤士尽之智能的权衡；以重赏鼓励士兵，就操有使士兵趋难赴死的权衡；以高爵授予臣僚，就操有使臣僚尽忠执守的权衡。从统一后政治管理的情况看，秦皇嬴政就操有这样的权衡：他一方面对贤才委以重职，授予高爵，另一方面又严格地控制他们，决不让他们蒙蔽皇帝，犯上作乱。正是有了这样清醒的政治头脑，在他的统治下，秦廷上下的确没有人敢擅越职权，做出违法乱纪的事情，当然，也更没有人敢按独立的意志和人格、兴趣及愿望去行动。

始皇嬴政通晓职分的第三个方面体现在他与以往和后世的君王不同，即从不把子孙安排在高位。关于他的这一品质，清末民初的思想家章太炎早就给出过肯定，说："秦皇负康以断天下，而子弟为庶人；所任将相李斯、蒙恬，皆功臣良吏也。后宫之属，椒房之努，未有一人得自遂者。"他称赞嬴政的平政之举，虽南面称帝，决策天下大事，但子弟却是平民。章太炎特别赞颂嬴政的这种"廉政"精神，又说："秦皇以贿其公子测室，高于世主。"认为嬴政把太子以下的皇子们放在与普通平民相等的位置上，这点比历代君主都要崇高。

始皇嬴政深悉君臣之道，身在帝位，便谋帝政，仅在这一点上就已远远超出了一般的帝王。《孟子》引《书经》中说："天降下民，作之君，作之师，推回其助上帝宠之。四方有罪无罪，唯我在，天下何敢有越厥志。"此话是说，上天降生了一般的百姓，也替他们降生了君主和师傅，这些君主人师的唯一责任是帮助上帝来管理人民。因此四方之大，有罪无罪，都由君主负责任，天下谁还敢超越本分而胡作非为呢？秦皇嬴政便是如此来约束下臣，天下之事都由他来决断，决不允许任何官僚超出本分而胡作非为。这一方面他的作为又与儒家思想相合，对于他加强统一的中央集权制，这当然大有好处。

《书经》中云："惟精唯一，允执厥中。"意即一个人应该精诚地恪守专一，诚信地保持中道。作为帝王，当然应该恪守作为帝王的游戏规则，没规矩哪能成方圆？有鉴于此，秦皇嬴政在帝位上始终恪尽职守，从不越轨。他认为，立国之本，在于天下人，包括他都能恪尽职守。只有天下人都能恪尽职守，一个君主才能治好国家、成就大事。作为君主是如此，平民百姓亦是如此。古代史官周任有言：“陈力就列，不能则止。”这里说的还是传统道德，就是说为官为民者都应该恪守本分，对于自己不能做到的事不要去勉强，要安于本职工作，切勿越轨。

始皇嬴政要求下臣行事要通晓职分，这话说来简单，行起来却相当困难。现实中人几乎都无法逃出世俗名利的诱惑，也许唯有严以自律方能做到这一点。《论语·雍也》篇中有述：“贤哉回边，一草食，一瓢饮，居陋巷，人不堪其扰，回也不改其乐。”像颜回这样以苦为乐、淡泊名利的人自然为世罕见，原因在于“人非圣贤”，圣贤少，常人多。古往今来，渺渺尘世中，更多的人追名逐利，人心不足蛇吞象，这是因为人的本性都渴望舒适和安乐，追求名利与权势。然而问题恰恰在于有很大一部分人不能知己知彼，不能从自身所处环境出发，明智地、客观地衡量他的能量，他们要么是脱离客观实际好高骛远，一心追求根本不可能实现的终极目标；要么是志大才疏，心有余而力不足。如此这般，大事做不来，小事又不愿做，只能最终功败垂成，令人扼腕。

秦朝以后，后世的文人学士恰好在这一点上容易“走火入魔”，诗人李白一生向往着能“甲管晏之才，谋帝王之术，奋其智能，愿为辅弼”，然而终之一生都是“身世飘零酒一杯”，无法施展抱负，最后只得长叹“大道如青天，我辈独不出”，“人生在世不称意，明朝散发弄扁舟”。杜甫按理说是该理智些，哪知他自以为“许身一何尽，窃比稷与契”，无奈一生穷愁潦倒，颠沛流离，最后在湘江的一叶孤舟中贫病而死，他的一生何曾与“安邦定国”之志有缘？慷慨放达的至性文豪苏轼，亦对“建功立业”这四个大字感慨良多，但一生屡遭贬黜，在回首平生之时，也止不住地哀叹：“问汝平生功业，黄州、惠州、据州。”——一代英才在回首平生之时，只剩三个贬居之地。那种“委经纶于一梦”的苍凉感慨，正是他们心高气傲，不肯安守本职的结果。总之一句话，他们都是“心比天高，命比纸薄”的人物。

始皇嬴政要求人臣通晓职分，在于教育他们安分守己，不做无谓的事。在封建专制社会，人的职分变动的机遇极少，自以为有才未必有才，想当官做不成官，不想升迁偏偏升迁的事是正常存在。官少而民多，僧多而粥少，处在这种专制体制中，“人生不如意十之八九”。无论古与今，一个人的事业成功与否，一部分要靠努力，更重要的是与客观环境相适应。由于人生难称己意者多，就连孔子也发出过“生死由命，富贵在天”的感叹。孔子当然并非宿命论者，他的这一感叹是在告诉世人：人世间各有职分，安贫乐道才不至于使社会秩序受到破坏。

嬴政注重人的职分的确立，为此他在朝中明确立下了君臣之规，而且严格要求君守君道，臣守臣道。这既打碎了许多不安分守己之人的白日美梦，削弱了社会上的许多不安定因素，有助于巩固中央集权统治，更为后代君王提供了可资借鉴的封建君臣的社会活动规则。

正所谓无规矩不成方圆。秦王朝的大一统帝国，就是在严格的运行规则中创建并不断加强。就成功的君臣之道来说，嬴政可谓历代君主之第一人。

以巧立威可生奇效

大棒乱挥、严令频下，这就是一种表面的威，让人口服而心不服。高明的领导总是能找到人不威而自威的巧妙渠道。

帝王讲求祯祥，是中国历史上常见的事情。古人把“天降甘露”、“麒麟见”、“瑞芝生”之类当作嘉庆祯祥，以为它们标志着政治清明、人民乐业的太平治世的出现。相信和制造祥瑞的主要是统治者，在历代皇帝中有一些人热衷于搞它，也有人对此并不感兴趣。康熙属于后一类型，他认为讲庆云、景星、凤凰、麒麟、灵芝、甘露、天书、月宫诸事，是贻讥后世的事，可是他注意灾异，每当遇到日月食、旱涝不常的情况，就认为是天象示警，表示要搞好政治，以挽回天心，为民求福。雍正与乃父不同，属于前一类型的帝王，大讲祥瑞。

在科学不发达的封建社会里，有许多巧合的或唯心学说神秘化的事物，由于人们的蒙昧，这些事物被宣讲附会得十分离谱，成了高妙无极的神的启示。

试举一二：

据李绂记载：康熙六十一年十一月二十日（公元 1722），雍正即位前数日，天气阴霾惨淡，到举行登基典礼时，“天忽然晴明，赤日中天，臣民欢呼，占为圣主之瑞”。等到第三天，空中又发现了卿云。请想一想看，雍正的即位不是上苍的安排吗？

无独有偶还有相同的一次。雍正元年九月（公元1723），据说，雍正在送他的生母恭仁皇后的灵柩赴遵化县（今遵华市）景陵时，卿云再次出现。次年正月，雍正举行祈谷祭天礼毕，卿云又发生了。

卿云，也叫庆云。据《史记·天官书》中记载，此云“若烟非烟，若云非云，郁郁纷纷，萧索轮囷，是为卿云”。相传虞舜将让位给大禹，和臣僚们一起唱歌：“卿云烂兮，丝丝曼曼兮，日月光华，且复旦兮。”卿云出现被人视作是太平气象。这种卿云，大概是人们很少见到的一种很好看的形状奇特的云彩吧。

雍正六年十二月（公元1728），云贵总督鄂尔泰折奏：十月二十九日圣寿节这一天，云南四府三县地方，出现“五色卿云，光灿捧日”，次日又“绚烂倍常”。鄂尔泰比雍正大一岁，过去就与雍正较熟，大概是很会逗雍正玩的吧。雍正七年闰七月（公元1729），鄂尔泰又折奏，贵州省恩州和古州在一个月之内祥云连续七次出现。

鄂尔泰在奏折中援引《孝经纬·援神契》中的话，说：“天子孝，则庆云现。”说云南卿云的出现，是“皇上大孝格天”所至的征象。有的官员不赞成鄂尔泰这样谄媚皇帝，大理知县就说，我的眼睛迷了沙子，怎么看不见庆云啊。可见是乌有之词。

人们的共病就是爱听好话，雍正皇帝果然高兴，兴之所至，忍不住就在鄂尔泰的折子上作朱批。朱批中写道：“朕每遇此祥瑞，蒙上天慈恩，岂有不感喜之理。”因为这个祯祥是鄂尔泰报告的，所以他特意嘉许鄂尔泰是上天恩给的“不世出之良臣”。随即告廷臣，特别引出“天子孝则庆云现”的话，并说：“朕之事亲，不敢言孝，但自藩邸以至于今，四十余年；诚敬之心，有如一日，只此一念，可以自信。”说话听音，锣鼓听声，他的这番话就流露出卿云的有无他是不在意的。由于对卿云是否出现不自信，所以就用自己的诚敬之心来掩饰。

因为鄂尔泰把卿云与天子的孝顺连在一起，使他的这次报卿云之奏不同寻常，雍正果然大开恩，为云贵官员加级晋爵。鄂尔泰由头等轻车都尉超授为三等男爵，云南提督郝玉麟从云骑尉晋为骑都卫，其他巡抚、提督、总兵官各加二级，知县，千总以上俱加一级。原来适时地来点奉承谄媚、歌功颂德竟有这般好处。

《庄子·天地》中说：尧到了华这个地方，华封人见了就说：“嘻！圣人来了。祝福圣人，使圣人长寿。”尧说：“不要长寿。”华封人又祝：“使圣人多财富。”尧说：“不要财富。”又华封人祝：“使圣人多男子。”尧说：“不要多男子。”华封人说：“长寿、财富、多男子，这是人们都想得到的，你却不想得到，这是为什么呢？”尧回答说：“多男子就会多畏惧，多财富就会多事，活的年龄大就会多受耻辱。这三种事，不能养修自己的德行，所以我都不要。”华封人说：“以前我以为你是个圣人呢，今天看来，你只不过是个君子罢了。天生万民，必授之职。多男子而能授予职务，还有什么可畏惧的；多财富而分给大家，还会有什么事呢；作为一个圣人，天下有道，就与大家同欢乐。天下无道，就去修德就闲。活一千岁而厌世，就升为仙，乘白云到帝乡。三种祸患就没了，身常无殃，会有什么耻辱呢？”

由此可照见，鄂尔泰可说是个“圣人”了，以谄媚于皇帝而使大家得福，为大家赢得加官加禄的机会。这不是圣人是什么呢？《诗经》上有句话，说：“乐只君子，殿天子之邦。乐只君子，万福攸同。平平左右，亦是率从。”意思是说：喜欢你这位君子啊，镇抚国家的边疆。喜欢你这位君子啊，有福同享。教左右的人明慧，左右的人都服从。说的就是鄂尔泰啊。由此看出，这是个很会来事儿的人，上下关系处理得都很好，身边左右都跟着沾实惠。雍正皇帝也乐于栽培重用他，借个机会就给鄂尔泰及其所属提级涨薪，有的官员苦熬一辈子还提不上来。

雍正七年（公元1729），山东巡抚兵溶奏报，当曲阜孔庙修缮工程进行到大殿上梁的前两天，卿云出现在曲阜城里的上空。雍正皇帝听了打趣地说：前次有火灾，此次有卿云，可视为功过相抵，不算祥瑞，但为此决定为报答先师重视知识分子增加明年会试的取中人额，由上科226人，加至400名。真是皇帝有德，考生有福了。

同年，山西巡抚石麟义奏报说：十一月初二日，保德州人民发现卿云捧日，外绕三环，光华四射。又报临晋县卿云丽日，五彩缤纷，霞光万丈。雍正听了，就夸赞说这是山西民风淳朴的验证，遂命令照奖励河南的先例，山西省每州县可多报一个老农，赏给八品顶戴（相当于现在的副县级）。

《周颂》上有句话，是这样说的："为酒为醴，畀祖妣，以洽百礼，降福孔皆。"意思是：酿造美酒啊，进予先祖妣，汇聚众多的礼，降下来的福就会很好。雍正皇帝趁势办好事，多批农转非指标，并从有农业技术的农民中直接选拔干部，这当然是善事，也有周王之德。

雍正八年五月（公元1730），湖广镇筸镇总兵官周一德奏报：白沙等处"庆云丽日，霞光万道"。不久湖广提督岳超龙奏称：万寿节时，镇筸镇"祥云五色，捧绕日轮，光华四射"。

这么多的卿（庆）云，弄得雍正笑都笑不过来，所花的银子也不少了。此后仍然卿云不断，弄得他都有些烦了。如雍正九年（公元1731）、雍正十年（公元1732）、雍正十二年（公元1734）、山西、山东、云南等地的封疆大吏们继续不停地报告庆云呈瑞，雍正皇帝只好叠加奖励。

想一想，这种领导的方法有多巧！以出现祥云为动力，推动各地官员实行仁政，多加爱民，不做损民利己的事，借机说明苍天有眼。好事坏事老天爷都记着，行善有奖作恶必罚。

示之以明，惩之以威

有时候，必须用一种特殊的手段才能达到让局面更顺的目的。帝王者为了消除势力集团的侵扰，要有一双看穿是非的慧眼，让对方感到自己的威猛。

乾隆初政时，康熙第十六子庄亲王允禄是辅政大臣，他的地位在王公亲族中尤其显赫，于是以他为中心逐渐形成了一个小势力集团。最初乾隆认为他们一伙人是“庸碌之辈”，不会有大作为，尽管允禄毫不顾忌地凭借特权援引勾结，作威作福，但毕竟他们能力还是有限，对皇权也构不成大威胁。于是乾隆就睁一只眼闭一只眼地容忍他们。到乾隆四年（公元 1739）时，乾隆发现允禄他们竟小有气候。允禄和理亲王弘皙（康熙时已废的允礽之子）、火器营都统弘升（恒亲王允祺之子）、弘昌（怡亲王允祥之子，贝勒）、弘皎（允祥之子，封宁郡王）、弘普（允禄之子，贝子）等人互相趋奉，“私相交结，往来诡密”。这时候，乾隆就不能不提高警惕了。他积极采取了措施来揭露他们的阴谋，深恐“将来日甚一日，渐有尾大不掉之势”。

弘升在雍正朝获罪被圈禁，后被放出在家思过。乾隆继位后，施恩任命他为火器营都统之职，乾隆因此案训他不感恩悔过，竟“思暗中结党，巧为钻营”，并斥责“弘昌秉性愚蠢”，自小不服管教，到处惹是生非；“弘晈乃毫无知识之人”，最严重的是弘晳，其“自以为旧日东宫嫡子，居心甚不可问”；而允禄“全无一毫实心为国效忠之处，惟务取悦于人，遇事模棱两可，不肯承担，唯恐于己稍有干涉”。这些人胆敢目无国法君王，“结党钻营”、“不守本分”、“饮食宴乐”，乾隆认为他们已经觊觎皇权，图谋不轨了。

为了确保皇权处在更有利的地位上，乾隆大帝采取了“制造罪名，防范出祸”的措施。于是，弘升首先被以“挑动事端，使我宗室不睦”为罪名逮捕，交宗人府审问，再进一步做调查；紧接着，允禄被以“结党营私罪”革去亲王双俸、议政大臣和理藩院尚书职务，保留亲王封号；弘昌、弘普分别被革去贝勒、贝子封号。这几个人的罪状均笼统含糊，未指明实事。只有弘晳问题较大，竟在王府内仿照国制，设置会计、掌仪等司，并曾多次请巫师降神，问不该问之事，如“准噶尔能否到京，天下太平与否，皇上寿算如何，将来我还升腾与否？”这表明，弘晳还有企图复辟的大逆之罪。弘晳最后被乾隆永远圈禁在景山东果园，与他一起圈禁的还有弘升。

仔细探究允禄、弘晳案，可以发现，乾隆之所以尤其对弘晳不能容忍，其原因就是他和乾隆一样，从小聪慧过人，都得到过康熙的宠爱，当时就有人猜康熙因弘晳之故，可能恢复允礽为太子。弘晳与乾隆一样被皇祖抚于宫中，并且时间比乾隆更长，自然就是乾隆的竞争者，故乾隆对他尤其不满了。并且弘晳府中的体制和服饰在一定程度上是得到雍正特许的，即是可以超过一般王公的，然而这也成了他获罪的一条重要原因。可见乾隆的目的是一定要除掉这支渐成气候的政治势力，而挖空心思制造罪名，以儆效尤。

在对待宗亲的问题上，乾隆颇会玩弄权术，既惩戒了亲贵，又维护了自己的好名声。一次，和亲王弘昼与庄亲王允禄、履亲王允祹、慎郡王允禧、顺承郡王斐英阿等奉命盘查仓库，这本来是例行公事，这些王爷们马马虎虎，敷衍了事，想不到皇帝却借此做文章，责他们“未能尽心”，要议他们的罪。宗人府哪敢得罪这些凤子龙孙，只能建议革除他们所兼的都统或者罚除都统俸饷，请皇帝在两种处分中任择其一。乾隆很不高兴，指责宗人府“两议请旨，故意尝试，甚属取巧，如此瞻徇，岂受其请托耶？抑借以倾陷耶？”将宗人府王公严加议处。然后又命都察院严查议处此案。

都察院的官吏们接到这一棘手的案件，同样也是战战兢兢，不知道皇帝的葫芦里卖的什么药，只得从严议处，革去上述宗室的王爵。不料乾隆又大发脾气，说：“王公等非干大故，从无革去王爵、降为庶人之理，都察院果以此议当乎？否乎？……明知朕必不革去两亲王两郡王，而故如此立义，以为可以立身无过，而于朝廷之体制、事理之当否，概不之论，是岂大臣实心敬事之道。……乃诸臣议事，一不衷之于理，非以尝试取巧，则以从重而恩出自上为自全之术，无以实心为国家任事者，朕将奚望，亦甚自惭。”

结果，这些王爷们被罚俸一年，而都察院官员们都被革职留任。乾隆大帝的心机真是高深莫测，这无非要让王爷们知道：自己是绝对的权威，对任何人可以生杀予夺。同时也告诫百官们：即使皇亲国戚，也必须依法处理，既不许徇情包庇，也不许故意重处，把罪过和处理的责任都推到皇帝的身上。

乾隆御弟弘瞻遭到惩戒后，“闭门谢客，抑郁生疾”，于是，乾隆亲赴探视。弘瞻在被衾中叩首谢罪，乾隆大帝竟也被手足之情感动得呜咽失声，拉着弘瞻的手说：“只因你年少而稍加斥责，哪知道竟使你得这样重的病。”并马上恢复了弘瞻的爵位。只是为时已晚，不久弘瞻便一命归天了。由此来看，此中虽有乾隆的后悔之意，但也不能说当初就没有一点小权术掺杂于亲情之中。

在弘瞻死后，乾隆又亲临其殡所赐奠，可谓弄权有术，所有臣子亲族不过是其手中的卒子罢了。

乾隆时期，清朝专制统治已到了登峰造极的境界。乾隆曾说“我朝纲纪肃清，皇祖皇考至朕躬百余年来，皆亲揽庶务，大权在握，威福之柄，皆不让臣下，实无大臣敢于操窃”。他的话确是事实。他将皇权把握得密不透风，连一点异端都容不得，自然能够乾纲独断了。在清朝历史上，自从乾隆把亲贵宗室斥于权外之后，此后一百多年之内，再没有发生过皇族内部的重大冲突和矛盾，这也算是成效。

炮制一个神圣的光环

古代帝王打着“君权神授”的幌子，为自己炮制一个神圣不可侵犯的光环，在迷信思想盛行的时代，这一立威招法还是颇为有效的。

古代君主获得君位，大致有三种情况：一是靠武力夺取；二是从家族继承；三是由政变获取。但不论是哪一种途径，有了君位不一定就有了相应的权威。权威是树立起来的。古代帝王为了大树特树自己的绝对权威，都要虚构一套君权神授的神话，这是最早、最普遍采用的手法。

商朝早期就流传着“天命玄鸟，降而生商”的传说，周王室的始祖弃据说也是其母“履大人足”而生的圣人。如果说先秦时期这样的神话还透露出对自己种族起源的朦胧的猜测的话，那么秦汉以后的类似神话就完全是统治者的编造了。

最早编造这一神话的皇帝恐怕要数汉高祖刘邦了。据说刘邦是其母亲与天龙交合所生。后来高祖起义反秦，在路途曾斩杀一条白蛇。一位老太太哭着说，我的儿子是天上白帝之子，被赤帝之子斩杀了。因此刘邦当皇帝是承受天命，君权神授，谁敢不服从，就是违背天命。此后的开国君主大都要制造出类似的神话，树立自己的权威。武则天为了登上皇帝的宝座，也借用佛教为自己大树权威。在她还是皇后时，就曾用自己的脂粉钱在龙门石窟的奉先寺内修建了一座彼卢舍那佛，该佛像就是以她为原型的。公元690年，在她的授意下，僧法明等10人伪造了一部《大云经》，共四卷，说武则天是弥勒佛转生，当取代李唐皇帝为天子。武则天向天下颁布《大云经》，下令所有的州郡都建大云寺。紧接而来的，便是唐睿宗等6万余人上表请改国号。武则天经过一番推辞，最后表示顺从民意，宣布改唐为周，定称号为圣神皇帝。

古代帝王在鼓吹“君权神授”的神话中，“五德终始”是其中非常重要的理论。“五德终始”的理论是战国时期的阴阳家邹衍首先提出来的。上古时期，人们从宇宙的物质中抽象出金、木、水、火、土五种元素，叫“五行”。认为宇宙万物都是由这五种元素演变而来。五行具有两种性质：五行相克和五行相生，五行相克是金克木，木克土，土克水，水克火，火克金；五行相生是金生水，水生木，木生火，火生土，土生金。邹衍把这种早期的具有朴素唯物主义思想的物质观引入到人类社会的发展中，认为每个王朝代表五行中的一行，后来的王朝取代前一个王朝是按照五行相克的规律发展的，如夏属于木德，商灭夏，商就为金德；周灭商，周就为火德；后来取代周的新王朝必为水德。这一理论在当时非常流行。

秦始皇统一六国以后，即根据邹衍的这一理论，认为自己属于水德，所以一切法律制度都按水德的性质来安排。西汉建立后，在五德的属性上曾经过多次改变，汉武帝最后确定为水德。王莽是通过禅让的方式取代汉朝的，所以他对五德的理论进行了修改，把五德相克改为五德相生，并重新安排了历代王朝的德性。按照这一排定，王莽新朝属于土德。刘秀重建汉朝后，把本朝定位为火德。此后每个王朝建立之初，天上每每都要显现出一些与新的五德相符合的祥瑞，证明这个王朝的建立乃是天命所归。新王朝便据此确定自己的五德属性，并制定出一整套与五德属性相符合的制度。

总之，君权神授被聪明的帝王们频频使用，说明确有成效，但说到底，也不过是帝王驭人的权术而已。

第四章

谋算：

统御既需天算更要人算

大而言之，长治久安的统御局面，小而言之，一次得体的统御措施，要想尽在掌握，不能坐等上天垂恩。“真命天子”用以唬唬人尚可，拿来作为无所作为的挡箭牌就是自找苦吃了。总而言之对帝王来讲，尽管有时确实人算不如天算，但也应抱着尽人事知天命的态度，精心谋划，事情总会更好一些。

以高超的技巧制服权臣

有很多人以为靠威力制服人就能制胜，其实这是大错。康熙统御的目的就是让权臣服服帖帖地围绕着自己的意图办事。

随着年幼的康熙逐渐长大，要求皇帝亲政的呼声愈来愈高。康熙以“辅政臣屡行陈奏”为由，经太皇太后同意，于康熙六年（公元 1667）七月初七举行亲政大典，宣示天下开始亲理政事。

鳌拜本想借索尼去世之机，越过遏必隆、苏克萨哈，攫取启奏权和批理奏疏之权，成为真正的宰相，不料想皇帝准备亲理政务，于是他的希望破灭了。但他又不愿归政，拉着苏克萨哈和他一起干预朝政，试图以太祖太宗所行事例来压制康熙帝。而苏克萨哈一向鄙视鳌拜所行，非常愿意归政于帝，故断然拒绝了鳌拜的要求，鳌拜便转而陷害苏克萨哈。

康熙尽管已明示天下开始亲理政务，但辅政领导内三院及议政王大臣会议的政治体制并未立即改变，辅臣朝班位次仍在亲王之上，并继续掌握批理章疏大权。而且鳌拜的党羽已经形成，势力强大。甚至敬谨亲王兰布、安郡王岳乐、镇国公哈尔萨等人也先后依附于鳌拜。特别是在上三旗中，鳌拜已占绝对优势，镶黄旗全部被控制，正黄旗随声附和，正白旗遭受了严重打击和削弱，而宫廷宿卫则完全由上三旗负责，康熙仍处境困难。

正白旗辅政大臣苏克萨哈不甘心与鳌拜同流合污，但又无法与之抗争，便产生隐退念头，遂于康熙亲政后的第六天，以身患重疾为由上疏要求“往守先皇帝陵寝”，并含蓄地提到自己迫不得已的处境。此举自然也有迫使鳌拜、遏必隆辞职交权的意图，因而更引起鳌拜的不满。他矫旨指责苏克萨哈此举，并令议政王大臣会议讨论此事，然后操纵议政王大臣会议，颠倒黑白，给苏克萨哈编造了“不欲归政”等二十四款，拟将苏克萨哈及长子内大臣查克旦磔死，其余子孙无论年龄皆斩决籍没，族人前夕统领白尔赫图等亦斩决。康熙“坚执不允所请”，而鳌拜强奏累日，最后仅将苏克萨哈改为绞刑，其他仍按原议执行。这使康熙又一次受到震动。而鳌拜除掉苏克萨哈后更加肆无忌惮，不仅朝班自动列于遏必隆之前，而且将一切政事先于私家议定然后施行，甚至在康熙面前也敢呵斥部院大臣，拦截章奏。蒙古都统俄讷、喇哈达、宜理布等因不肯在议事处附和鳌拜即被逐出会议，而鳌拜的亲信即便是王府长史一类的小官，也可以参与议政。更有甚者，鳌拜可以公然抗旨，拒不执行。如其亲信马迩赛死后，康熙明令不准赐谥，鳌拜竟不执行，仍予谥号，在此情况下，康熙决计除去鳌拜，只是因鳌拜势力强大，不能掉以轻心，必须以计擒之。

康熙七年（公元 1668）九月，内秘书院侍读熊赐履上疏建议革除朝政积弊，并把矛头指向鳌拜。此疏深为康熙赞同，但康熙以为时机尚未成熟，不能打草惊蛇，便斥之“妄行冒奏，以沽虚名”，声称要予以处罚，借以麻痹鳌拜。而暗地里，康熙却在悄悄部署捉拿鳌拜的各项准备工作：鉴于鳌拜在侍卫中影响较大，原有侍卫不足依靠，他特地以演练“搏击之戏”为名，选择一些忠实可行的侍卫及拜唐阿（执事人）年少有力者，另组一支更为亲信的卫队善扑营，并请在上三旗侍卫中很有威望的已故首席辅政大臣索尼次子、一等侍卫索额图为首领。

为了保证捉拿鳌拜行动的顺利进行，在行动之前，康熙还不露声色地将鳌拜党羽以各种名义先后派出京城，以削弱其势力。

康熙八年（公元1669）五月中旬，一切安排就绪。康熙于十六日亲自向善扑营做动员部署，并当众宣布鳌拜的罪过。随即以议事为名将鳌拜宣召进宫擒拿。当时鳌拜全然没有觉察到异常情况，一如往常那样傲气十足地进宫来，甚至于看到两旁站立的善扑营人员时也没有产生怀疑，因为在他看来，年轻的康熙不会也不敢把他怎么样，因而将善扑营人员聚集宫中看作是康熙迷恋摔跤游戏的一种表现，根本没有想到自己很快就要成为阶下囚。

康熙待拿下鳌拜等人后，亲自向议政诸王宣布了鳌拜的有关罪行：营私结党“以欺朕躬”；御前随意呵斥大臣，目无君上；打击科道官员，闭塞言路；公事私议，“弃毁国典”；排斥异己等。总之是“贪聚贿赂，奸党日甚，上违君父重托，下则残害生民，种种恶迹难以数举”，要求议政王大臣会议勘问。

以康亲王杰书为代表的议政诸王，原本不满鳌拜的专横跋扈，现在见皇上已擒拿鳌拜并令其勘问议罪，所以很快就列出鳌拜欺君擅权、结党乱政等三十款大罪，议将其革职立斩，其族人有官职及在护军者，均革退，各鞭一百后披甲当差。

处理意见上报康熙后，康熙又亲自鞫问鳌拜等人，并于五月二十五日历数其“结党专权，紊乱朝政”等罪行后，宣布：鳌拜从宽免死，仍行圈禁；遏必隆免重罪，削去一应爵位；畏鳌拜权势或希图幸进而依附鳌拜的满汉文武大臣均免察处，并于六月七日降谕申明：“此等嘱托行贿者尚多……俱从宽免”，从而有效地防止了株连，稳定了人心。凡受鳌拜迫害致死、革职、降职者均平反昭雪，已故辅政大臣苏克萨哈等人的世职爵位予以世袭。因而此案的处理颇得人心。

议处鳌拜、废除辅政大臣体制后，重要的批红大权收归皇帝之手，康熙从此便坚持自己批阅奏折，“断不假手于人”，即使年老之后也是如此，从而防止了大臣擅权。康熙还从鳌拜事件中吸取教训，严禁怀挟私仇相互陷害。

康熙智除鳌拜，一方面除去了自己亲政的最大障碍，同时对其他权臣起了震慑作用。整个事件的处理非常周密、完满、妥帖，充分显示了青年康熙在政治上的成熟。

对象变了策略也要变

帝王统御过程当中面对的对象如有变化，你的措施也必须随之调整。

忽必烈从一开始即位，便显示出了不同凡响，他没有沿用以前大汗的做法，却破天荒一反过去大汗们遵守蒙制的老传统，采用汉人的年号——中统来纪元。这一划时代的做法，断然从历史上将蒙古帝国一分为二，从而远远地将一个旧帝国抛在了身后。所谓的“中统”，就是中朝正统，从此以后，他俨然成了中原的统治者。

在诸多的政治变革中，最有成就、最值得一提的则是忽必烈对政权机构的建设。

从在开平即位的那一天起，忽必烈就秉着“立经陈纪”的原则，开始了新的政权建设，并多次向大臣们表示了自己“鼎新革故，务一万方”的雄心壮志。

忽必烈的高明之处，就在于他并非只注重徒有其名的空壳，而是立即着手设立中央政权机构，赋予它们以实际的权力。他“内立都省，以总揽宏纲，在外设立总司，来处理各地的政务”。这里我们不能忘记王文统的功劳。

忽必烈虽然采用了汉法，但他却不拘泥于汉法，他的大胆革新的精神使我们不能不对他佩服。并且我们也还发现，在忽必烈改组机构的重大创举中，他所依赖和任命的大多是汉人儒士，从中书省、行中书省到各路的宣慰使司，许多高级官员都是汉人，例如中书省的史天泽、王文统、赵璧、张易、张文谦、杨果、商挺诸人。即便是公元 1260 年 5 月所设置的十路宣慰司中担任行政长官的，很少有蒙古族的人士。而像主妆希宪、布鲁海牙、黏合南合等色目人也都是汉化很深的儒人。虽然在公元 1261 年，中书省官员经过调整，增入了蒙古贵族不花、塔察儿和忽鲁不花等人，但他们由于缺乏实际的政治经验和管理才能，只能是起象征性作用的人物。所以，忽必烈在最初的行政机构的改建中，的确抛弃了蒙古旧制，也难怪守旧的蒙古贵族对此极为不满，他们从蒙古草原派出使者质问当时驻在开平的忽必烈说："本朝旧俗，与汉法不同，今天保留了汉地，建筑都城，建立仪文制度，遵用汉法，其故何如？"对此，忽必烈坚定地回答他们说："从今天形势的发展来看，非用汉法不可。"旗帜鲜明地向蒙古王公贵族表明了自己要实行汉法的决心。

按照"汉法"改革的思路，忽必烈的机构改革是一竿子插到底，从中央到地方，一揽子进行，在地方上除了完善行省制度外，还设立了廉访司、宣慰司。在行省下设路府州县四级行政机构来具体负责地方事务，尽管设置这些都没有什么大的建树，全都是借用了宋、金的制度，然而，他毕竟将蒙元帝国的行政改革推上了汉化的道路。

公元 1263 年，完成了中书、行省创建的忽必烈也并没有放松对军事衙门的改置。此前的万户、千户的设置在民政、军政上不分，常有分散军事权力的隐患。随着元朝统治的扩大，一个统一的军事权力机构的建立也势在必行。因而这一年被李璮搞得精疲力竭的忽必烈便下诏："诸路管民官处理民事，掌管军队的官员负责军事，各自有自己的衙门，互相之间不再统摄。”公元1264年元月，全国最高军事机构——枢密院诞生了。枢密院的设置，是忽必烈又一次对蒙古原有的军政不分家旧制的重大变革。当然，忽必烈多少也在这个方面保留了一些民族特色，他仍然将四怯薛——亲兵长官牢牢地掌握在自己的手中，以防止突然的事件。万户长、千户长也并没有完全从蒙古帝国清除掉，仍然在蒙古人中保留了这一头衔。并且自从枢密院建立后，出于民族防范的需要，老谋深算的忽必烈从不轻易地把兵权交给汉人掌管，除了他非常信任的几个汉人之外。

从小便习惯在马背上射猎厮杀的忽必烈并未忽视兵权的重要性，实际的斗争经验也使他深深懂得武装力量对于国家政权以及统治的保障作用，就在他即位大汗的初年，此起彼伏的农民起义便“相煽以动，大或数万，小或数千，在在为群”，搅得他心惊肉跳。何况还有一个苟延残喘的南宋小朝廷等着他去消灭，恐怕仅靠蒙古军是完不成这一历史任务的。对军事改革的迫切性、重要性，忽必烈一点没有忘记。随着他的政治统治的稳定，他的军事制度也日趋完善，忽必烈时期不仅有一套完整军队的宿卫和镇戍体系，而且将他的祖先所留下的怯薛制发挥得淋漓尽致。

怯薛制无疑在元朝的军制乃至官僚体制中都具有非常重要的地位，怯薛不归枢密院节制，而由忽必烈及其继承者们直接控制；怯薛的成员怯薛歹虽没有法定的品秩，而忽必烈却给予他们很高的待遇。一个明显的事实是，每当蒙古帝国、大元皇帝们与省院官员在禁廷商议国策时，必定有掌领当值宿卫的怯薛长预闻其事。所以怯薛丹难免利用自己久居皇宫、接近皇帝的特权，常常隔越中书省而向皇帝奏事，从内宫降旨，而干涉朝廷的军国大政。这与他们所处的环境、身份与地位有相当大的关系。

诚然，忽必烈也知道内重于外、京畿重于外地的军事控制道理，因而，他便建立了皇家的侍卫亲军，让他们给自己保卫以两京为中心的京畿腹地。忽必烈时共设置了十二卫，当时卫兵武器之精良、粮草之充足、战斗力之强，都是全国各地的镇戍军所不敢望其项背的。

我们也不能不佩服忽必烈改建军队的才能，在偌大的民族成分各异的帝国内，忽必烈不费吹灰之力就将不同地区、不同民族的军队分为四种，即蒙古军、探马赤军、汉军、新附军，而对于军队数量之多，连马可·波罗也感到惊奇，他说“忽必烈大汗的军队，散布在相距二十、四十乃至六十日路程的各个地方。大汗只要召集他的一半军队，他就可以得到尽其所需那么多的骑士，其数量是如此之大，以至于使人觉得难以置信。”让我们权且相信这位实际见证人的话吧。

封建王朝的各朝各代，能够控制军队的皇帝，恐怕没有几个，而忽必烈却有幸与他们为伍，他创置军队不仅有新意，而且掌握使用军队也很独特。所以帝国的“天下军马总数目，皇帝知道；院官（指枢密院官）里头为头儿的蒙古官人知道；外处行省里头军马数目，为头的蒙古省官们知道”，这在当时是一个不成文的规定。而且边关的机密，朝廷中没有几个人知道，没有忽必烈的命令，一兵一卒也不能擅自调动。恐怕正是由忽必烈对大元帝国的军事机器的精密装配，才使元朝立足中原一百多年。

这便是忽必烈主述变通、勇于革新的第二大内容。

除了以上改革之外，忽必烈这位从大漠走来的皇帝在发展生产与剥削方式方面的改革也一点不逊色于其他有为的汉族皇帝。这一点，也正是在这一点上，忽必烈不仅赢得了广大汉人文士们的拥护，也得到了饱尝三百年战乱的中原各族以食为天的农夫们的拥护，因而，中原的人们承认了他“中国之帝”的身份。这就是他的重农政策所取得的巨大成功。他不仅雷厉风行地在全国各地创置劝农一类的机构，派出官员们鼓励农桑，而且多次发布诏令，保护农业生产，还广兴军屯、民屯，颁布《农书》，推广先进的农业生产技术，以指导民间的农业生产等等，使被破坏或中断了的农业生产力得以恢复，使得农业经济继续向前发展。他的这项对农业生产方面的改革成功，以至于后来的封建文人们，也不能不对他倍加赞赏，这是一种领导智慧的反映。

变局之中防范有人制造突变局面

对野心较大的有才能之人，在给了其一定的权力让他行使之时，要同时为其设定一些限制，这就是布变局者统御的高明之处。

忽必烈所采取的措施、使用的手段都似乎是在宽容博爱的气氛下进行的，他对帝国政权的收拢、对分裂趋向的消除都是以和风细雨的方式进行的，比之宋太祖赵匡胤的“杯酒释兵权”来说，更巧妙，更将智谋运用得出神入化。

不妨让我们瞧瞧他所采取的操纵措施与运用的手段。

第一，不动声色地疏远汉儒旧臣。

当时，忽必烈认为，像王文统这样信任的大臣，都能背叛自已，那诸多汉儒出身的大臣，谁又能保证他们以后不会背叛自已呢？出于这样心胸狭窄的考虑，忽必烈此后一步步地走上了疏远汉儒大臣的道路。

第二，削弱汉人世侯，实施官吏迁转法。

忽必烈一直在考虑用什么样的方法来解决汉人世侯军权太重、威胁帝国的问题。他认为，对待这些重兵在握、占据许多地盘的汉人世侯，绝不能像对待儒臣文士那样简单，必须运用很得当的手段，既要不引起他们的叛乱，又要使他们心服口服，在被削夺了兵权与地盘之后又能心甘情愿地效忠大元帝国。这的确费了忽必烈一番心思。

忽必烈对参加某次叛乱的张邦直以违反制度、擅自贩马的罪名而略加惩处；对与叛乱头目有书信交通的世侯张荣的孙子张宠，以及张柔的儿子张宠略等人也给予宽大处置，或者不加追究。这样，首先稳定了他们的情绪，使他们打消了猜疑不安之心。然后，召集文武官员，让他们分析叛乱的原因。在这次讨论会上，或许是忽必烈事先授意的吧，一位官员指出是由于诸侯手中的权力太重，一语中的，这一语也惊呆了当时与会的史天泽等人。现在考察起来，我们也不能排除这是忽必烈所精心设计的一幕，目的就在于使握有重权的汉人世侯有所醒悟，尽早聪明地交出权力，免得遭到被杀戮的下场。谁又能否认这次所谓的讨论会不是一场更高明的“杯酒释兵权”的故技重演呢？尽管没有摆下美酒宴席，但却更富有浓浓的戏剧性。因而，当时心中不安却立即醒悟的史天泽首先表明了态度，他说：“掌军、管民的权力，不能够让一个家族中的人同时担任，请改正这样的做法，那么，请从我家开始吧。”史载，当时仅史氏一家就同时有 17 人交出了兵符，而其他像张弘范、董文炳等人都仿而效之，汉人世侯的兵权在无声无息中被削夺了。这就使忽必烈暂时松了一口气。

但这还不能从根本上解决问题，对此，维吾尔族出身的廉希宪进一步指出说：“国家从开创以来，凡所纳请的士人与开始任命的大臣，都让他们世代相传，到今天已有六十个年头了，这些世侯的子孙们把部下都当作奴仆，都邑中的官员们也都是他们的皂隶僮使，这是前代所不曾有的，应该加以改正，对官员应通过考核优劣而加以升降。”姚枢也同样向忽必烈上书讲了“罢世侯”的重要性。这些都正中忽必烈的下怀，因而被他采纳。接着在公元 1264 年 12 月，忽必烈正式发布诏令撤销世侯制，规定各家世侯除一人担任官职外，其他子弟的官职都要例行解去。这项制度此后成为一循不改的定制，它从根本上削夺了“裂土分民”、擅自征敛并私自设置牢狱、为霸一地的世侯家族的权力。这一措施甚为有效。接着大臣字子贞又奏言：“现在的州县官相传以世，非法征收百姓钱财，百姓穷困却告状无门，应该实行迁升转任的方法来革除这一弊端。”于是，官员迁转法从此代替了蒙古的世袭官制。从这一点上讲，这一制度的确立，又使忽必烈沿着汉法道路前进了一大步。从此后，对官员的任命、迁转的权力基本上收归了中央。至元十四年，中书省官员向忽必烈奏上制定的《循行选法体例》，使官员的诠注、迁转、升降等更加有规可循，使得元朝封建官僚制度更加具体、系统。

罢世侯、立迁转，不仅解决了封建割据、叛乱的问题，也使得百姓从世侯的统治下变为国家的民户。据说，世侯们的权力被撤罢以后，老百姓有将曾经是自己的主人的世侯看作路人的现象，甚至于“追咎怒骂，如仇雠者”。这足以反映了百姓对罢世侯的支持，也说明了世侯的权力、威风顿时大减。

第三，实行军民分治，制定易将法。

这项制度本来也是为了改变世侯们的“兵民之权并于一门”的状况而设的。早在平定李璮之后，忽必烈就已经开始这一尝试，他命令自己宠信的董文炳掌管益都的军队，让撒吉思管理民政，从而使军权、政权分离。在此基础上，公元1262年七月，忽必烈正式颁布军民分治的诏令，规定：“各路总管兼职万户的官员，只是治理民事，不能参预处理军政事务。其他的州县官兼职千户、百户的仍然如旧。”同年十二月，忽必烈再次颁布诏令强调：“各路的管理民众的官员治理民事，掌管军队的管理军队、负责作战事务，各有自己的职责范围，互相之间没有统摄关系。”进一步将军、民政权的分家推广到了州、县一级。这一制度，起到了防止地方上长官独擅权力的作用，更奥妙之处就在于能使军政长官互相牵制，从而受制于中央，从根本上加强了中央集权。

尽管如此，为了进一步加强中央集权，忽必烈不仅取消了汉人世侯的封邑，削夺了他们的军权，还出台了“易将”法，建立了枢密院。易将法是为了防止将领长时间地专擅兵权会造成对抗中央的现象，而使军队归于中央指挥。这项制度，连马可·波罗都意识到了它的实质所在。他在自己的书中描写说：“大汗每两年命令军队换一次防，对于指挥军队的将领们也是如此。”显然，这种措施都是针对汉人的，而对蒙古将领，则没有这样的要求。

设立枢密院，也从根本上解决了军权分散于各地的局面，使军队的调拨更具制度化。枢密院的建立，标志着忽必烈已完全把帝国的军权控制在了自己的手中。为进一步加强军权，他派出皇太子真金出任枢密院使，枢密院其他的职务也都由他的贵胄亲信担任，将汉人完全摈弃于中央军事机关之外，从而使蒙古帝国的统治日趋严密。

第四，实施民族歧视、民族防范政策。

中国本来是一个多民族的国家，无论是哪一个封建朝代，都存在着民族歧视，但把民族歧视推向峰巅的却是大元帝国。这是因为大元帝国的统治主体蒙古族在汪洋大海般的华夏民族面前，感到了自己的渺小，为了顽强地生存，也就不得不用民族保护这层铁幕将自己圈禁起来，而民族保护的另一极则是民族歧视、民族防范。

从民族统治的利益出发，忽必烈从不对汉人、南人轻易地相信，除非是死心塌地地为蒙古帝国充当马前卒的一些官员、将吏。因而，为了控制军队，忽必烈也是绞尽了脑汁。他的办法之一就是在统兵打仗时，主帅一般委任蒙古人担任，为了防止汉军、南军叛乱，他又煞费苦心地在各地设置万户府，选宿卫士来监视汉军、南军，始终把汉军、南军摆在“伪军”的位置。因而，在战场上，也就时常会出现汉军南军在前冲锋、蒙古军在后督战的场面。

为了进一步防范汉人、南人的起事，忽必烈时曾多次命令汉人、南人不准佩带弓箭，只有蒙古人才有这样的资格。对于民间的各种私造私藏军器的行为，都要严惩不贷。公元1262年，忽必烈便发布命令，严禁民间私藏军器。公元1263年，又再次强调，私造军器者处死，民间兵器不交官府的与私造军器者同罪。自然，绝不是让蒙古人交出军器，而是要汉人、南人无条件地交出所有武器，以防止他们的武装起义。

在民族压迫下，广大汉人、南人的政治权力实在少得可怜，“四等人”的分化政策就是有意识地把汉人、南人与蒙古人、色目人对立起来，这种分而治之的政策的确在一个较短的时期内起到一定的维护蒙古统治的作用，但最终却加速了元朝的崩溃，这种结果也许是忽必烈所不曾想到的。

抓住典型做足文章

一个人精力再充沛，要掌握好一个大局面也会挂一漏万。抓住典型大做文章无疑是一个成事的捷径。

反面文章正面做的例子自古就有，即抓住转化典型，进行宣传工作，将社会流传的对当事人不利的传言再反回去。利用这一转化典型，现身说法进行社会教育。在这方面，雍正的一件事例可以说是深得此道的。

早在岳钟琪诈供张熙时，张熙就明确表示，他最崇敬的人是吕留良。此后张熙又拿出随身携带的吕留良的诗文，为岳钟琪讲解吕留良反清的种种观点。而曾静对吕留良更是佩服得五体投地，甚至认为吕留良才应当做皇帝。为此，曾静在他的著作《知新录》中写道："皇帝合该是吾学中儒者做，不该把（给的意思，方言为把）世路英雄做。周末局变，在位多不知学，尽是世路中英雄，甚至老奸巨猾，即谚所谓光棍也！"认为合格做皇帝的应是"春秋时孔子，战国时孟子，秦以后为程、朱，明末则为吕子也。"所谓的吕子，即吕留良。

吕留良认为"华夷之分，大于君臣之义"。因此他教导汉人站稳立场，不能效忠于清朝政权，同时他本人也以身作则，拒绝为清朝朝廷服务。

吕留良的这种立场加上他作为理学家的名望，更使他声名远播，闻名遐迩。于是当时许多在野文人，即所谓的“穷乡晚进有志之士，风闻而兴起者甚众”。也正因为如此，曾静才对吕留良产生了非常仰慕的心情。

此外吕留良的徒弟严鸿逵也因继承了吕留良的思想，而非常敌视清政府，当大学士朱轼请他出山时，严鸿逵在日记中表示：“予意自定，当以死拒之耳。”意即我打定了主意，就算被杀头也不能为清朝服务！严鸿逵的学生沈在宽也秉承师训，拒不承认清政府，希望恢复汉人的统治。正因为如此，曾静的徒弟张熙与严鸿逵和沈在宽结为了好友。

案情基本摸清之后，对这些有反清言行的汉族士人，雍正再次采取了双管齐下的策略。他一方面降旨辟其“邪说”，另一方面则实行了高压政策。

尽管种种政策没能让汉族知识阶层心服，但雍正并不为此着急。他已经对此拥有了自己的一套进行政治教育的方案，希望通过按计划、分步骤地实施方案，达到对民众进行爱国家、爱政府、爱皇上的国民教育的实效。

雍正在曾静案发之初就表示，对曾的著作《知新录》不必隐讳，将来自有处置。整个案件基本调查清楚之后，雍正下令将论述这个案子的上谕与曾静的言行及口供弄成一个案件汇编，集成为一部《大义觉迷录》。加以刊刻，颁行全国，以使读书士人知道这件事的经过与详情。同时雍正还采取了强制措施，称假如读书士人不知此书，一经发现，就将该省学政、该州县学教官从重治罪——这就是说，读《大义觉迷录》一书是强制性的，作为中央文件，大家必须读。

那么，雍正为什么要强制士人读这部书呢？因为在《大义觉迷录》

中，不但有雍正本人的最高指标，同时还有曾静“弃暗投明”为雍正宣传的文字，如称雍正至仁至孝、受位于康熙，兼得传贤传子二意；又说雍正朝乾夕惕、惩贪婪、减浮粱，一心爱民。所以《大义觉迷录》一书，由曾静现身说法，体现了他由不明情、听信流言诬枉皇上，到真正体会到皇上恩德，提高认识，进而歌颂皇上的思想转变，成了替雍正做宣传的上好的宣传工具。

同时，雍正对曾静、张熙二人作了宽大处理，将其无罪释放，并称此二人是误信了奸佞之言。此外雍正还公开宣布，非但他不再追究他们的责任，“即朕之子孙亦不得以其诋毁朕身躬而追究诛戮之”。

那么雍正为什么要放过曾、张二人呢？其一是因为岳钟琪为了诈取张熙口供，曾对其发过毒誓，保证不会加害张熙师徒。岳钟琪是雍正的肱股大臣，他的言行应与雍正视为一体，因此雍正不能让岳钟琪失信于人。其二是因为曾静投书后，才使雍正获知了谣言的肇事者原来是允禩、允禟手下的太监。这样看，曾静非但无过，反而有功了。其三是最重要的一点，正如我们前面所说，留他比杀他们用处更大，雍正可以拿他们来现身说法。即利用他们来宣扬雍正的仁德爱民，如命曾静到江南、江宁、苏州、浙江、杭州等地宣传《大义觉迷录》，进行广泛演讲，然后再将其押送原籍，安排到观风整俗使衙门里当差。又命张熙到陕西及其他地方做类似的演讲宣传，然后送回原籍，在家候旨，以便随传随到。

这样一来，曾、张二人就成了雍正御前的得力助手了，而他们所起的宣传作用，又是其他人所起不到的。由此看来，雍正在这件事的处理上，可谓是得到了上天所赐的宣传自己仁德的良机，用得其所，也就益处多多了。

深挖细究惩顽凶

对于曾经劳苦功高，现又尾大不掉的人，统御者绝不能简单从事，或一走了之，或纵容不问，而要深思熟虑，做好充分准备。通过深挖细究，让其绝无藏身之地。

常言说："只有大乱才能大治"，当朝政出现危机，内部混乱人心骚动时，许多的投机钻营者"江山易改，本性难移"，纷纷显现出了本来面目。雍正看到了这些，他极需要从中揪出一两个反面典型，杀一儆百，惩前毖后。于是年羹尧、隆科多不幸撞到了刀刃上，雍正也正好借此机会在除去心腹大患的同时警示大臣们要有所收敛，不要无法无天了。

然而，要想尽快扳倒自己亲手树立起来的模范典型，使之威风扫地永不翻身却非易事，加之年羹尧久居重位，根深蒂固，党羽颇多，所以要将他打倒确实需要花费一些心计。俗话说，"请神容易送神难"，从某种程度上说，推翻自己一手提拔的人才比当初提拔笼络时还要难。雍正对此也须谨小而慎微、见机行事才好，他可以传旨轻松地将年羹尧给免了、杀了，但那样未免过于草率，非但难以服众，反而会招致祸端。对此，雍正大帝的做法是：联络众大臣造就声势，暗示年羹尧的部下挺身而出，予以检举揭发，引蛇出洞，使其势力逐步削弱，而后将其慢慢地引向自己设计的陷阱之中。

怎样才能真正地孤立年羹尧，经过深思熟虑后雍正使出了一个撒手锏，就是保护甚至是提拔年弹劾的官员，使其为我所用，进而让他们倒戈年羹尧，使年陷于四面楚歌八方围困的不利境地，到那时，即可以不费吹灰之力，使年羹尧不战自败。

此前，年羹尧为了达到扩充自己势力的目的，不断地排斥异己，把那些不太听话的官员通过别人进行弹劾，比如他指使甘肃巡抚胡期恒上奏弹劾陕西驿道金南瑛。但雍正心明眼亮，硬是将此弹劾给顶了回去，使年羹尧的阴谋没有得逞。不久，四川巡抚蔡廷也被年参奏，这是一个经刑部审议后应当判斩的案例，但雍正却对此不以为然，甚至公开召见蔡廷，对他进行宽慰，完全没有治罪的意思，蔡廷也就顺水推舟表达了自己对年羹尧的不满。雍正看到蔡廷对自己有用，便力排众议，提拔蔡廷为左都御史。

为了找到打击年羹尧的证据，雍正可谓煞费苦心，他常常抓住一点不放，小题大做，将一小事无限上纲上线，使年羹尧陷入进退两难的尴尬境地。比如雍正三年二月（公元 1725），出现了所谓“日月合璧，五星连珠”的祥瑞嘉兆，朝内百官都纷纷向雍正上书表示祝贺，年羹尧也不想错过这个拍马屁的机会，于是上书颂扬雍正朝乾夕惕，励精图治，但他一不留神将“朝乾夕惕”误写成了“夕惕朝乾”，这显然是年的失误，但也不至于闹到兴师问罪的地步，可雍正却抓住不放，放言说年羹尧别有用心，图谋不轨。他“不欲以‘朝乾夕惕’四字归之于朕耳”。既然如此，雍正便借题发挥：“年羹尧青海之功，朕亦在许与不许之间未定也。”并说由此可以看出“年羹尧自持己功，显露其不敬之意，其谬误之处断非无心。”这就使得年羹尧哑巴吃黄连，有苦说不清了。

为了预防年羹尧拥兵叛乱，雍正采用了拆散其党羽的做法，全面更换川陕官员，同时还私下暗查年的属下，决心将年的同党一网打尽。雍正还就年羹尧的问题让一些不知底细的人表态，引蛇出洞——这一招果然厉害，一些对年赞赏的人自投罗网，河南省河北镇总兵纪成斌在对年表态的问题上优柔寡断，他居然考虑观望了两个多月，才真正明白了雍正的意图，于是他便赶紧表明立场，声称年羹尧是个背恩负国之人。雍正就是用这样一种刚柔并济的手法迫使一些官员与年羹尧分庭抗礼。

做一件事情一旦时机成熟，就应该抓住机遇，当断则断，切不可犹疑不决，以致错过了大好时机。看准整治年羹尧的火候已到，雍正便迅速下诏命年交出大将军印，调虎离山，以防后患。

在降年羹尧为浙江杭州将军时，雍正大帝在年羹尧谢恩的折子上写下了含义颇为深远的一段话。这段话是这样说的："朕闻得早有谣言云，帝出三江口，嘉湖作战场之语。朕今用你此任，我亦奏过浙省之论，朕想你若自称帝号，乃天定数也，朕亦难挽；若你自不肯为，有你统朕此数千兵，你断不容三江口令人称帝也。此二语不知你曾闻得否？再你明白回奏二本，朕览之实实心寒之极，看此光景，你并不知感悔。上苍在上，朕若负你，天诛地灭，你若负朕，不知上苍如何发落你也。"

雍正对年的惩治到了收尾阶段，他开始号召官员们揭发年羹尧的罪名。墙倒众人推，一时间揭发年的材料满天飞，雍正还将这些材料示与年羹尧，还伤口撒盐似的让其看后回奏，从而彻底地摧垮了年羹尧的心理防线。

雍正在众多奏折中为年羹尧总结出了五大罪状。这些罪状基本上都是年本人放纵过度，自取灭亡的必然结果，这五条罪状是：

一、目中无人，作威作福。

二、拉帮结派，任人唯亲。

三、收贿卖官，贪污腐败。

四、巧立名目，大发不义之财。

五、钩心斗角，争权夺利。

将年羹尧的罪名搜集齐全后，雍正大帝并没有马上对他打击，而是先从他的亲信和党羽的身上作为突破口。

第一个被雍正开刀的是年羹尧的儿子，大理寺少卿年富、副都统年兴、骁骑校尉年逾等，他们都被削职处理。接着，与年羹尧有牵连的人也一个个被揪出来打击惩治，年的党羽被雍正撒下的网一一捕获。于是附庸在年羹尧这棵大树上的猕猴都纷纷散去了，只留下了这棵摇摇欲倒的大树。

时机已经成熟，雍正开始快刀斩乱麻。他先是让众臣表态如何处置年羹尧，然后以群臣请求的名义逮捕年羹尧。为了置年羹尧于死地，除了大臣们揭批年的九十二条大罪外，雍正还特意罗织了年的第一大罪：图谋不轨欲夺皇位。最后，雍正念年平定青海有功，遂施恩令其自裁。

第五章

兼听：虚心纳谏才能做出正确决策

做决策是领导者的职责，决策水平是领导者领导智慧的集中体现。对于帝王来说，做出正确的决策是一件尤其困难的事情，这就是我们看到历史上昏君何其多、明君何其少的原因。说帝王不容易正确决策，只因为其特殊地位决定了一般情况下，他是不大容易听进不同意见的，而不同意见正是一个决策尽量正确的有力保障。

放下身架向事实低头

有的人嘴硬，硬到事实面前不弯腰，这是典型的死要面子活受罪。因此，领导者具备宽宏的气度，往往比具备某项特殊的才能更为重要。

作为一个帝王，拥有至高无上的权力，可以为所欲为，没有人敢轻易去指出他的对与错，但是，秦始皇却能迅速主动地改正自己的过错。最能体现他闻过即改特点的，是换用老将王翦灭亡楚国、消灭秦国最后一个劲敌这件事。

王翦是秦国名将，频阳东乡（今陕西富平东北）人，曾先后领兵平定赵、燕、蓟等地。

王翦之先出于姬姓周朝的国姓。东周灵王的太子晋因为直谏而被废为庶人，其子宗敬为司徒，时人称为“王家”，因以为氏，从此改姓王氏。王翦“少而好兵，始皇师之”。王翦用兵多谋善断，还是嬴政的军事老师。

秦王嬴政二十一年（公元前226年），在灭亡韩、赵、魏，迫走燕王，多次打败楚国军队之后，秦王嬴政决定攻取楚国。发兵前夕，秦王嬴政与众将商议派多少军队入楚作战。青年将领李信声称：不过用二十万人。而老将王翦则坚持：非六十万人不可。李信曾轻骑追击燕军，迫使燕王喜杀死派荆轲入秦行刺的太子丹，一解秦王心头之恨，颇得秦王赏识。

听了二人的话，秦王嬴政认为王翦年老胆怯，李信年少壮勇，便决定派李信与蒙武率领二十万人攻楚。王翦心中不快，遂借口有病，告老归乡，回到频阳。

秦王嬴政二十二年（公元前 225 年），李信、蒙武攻入楚地，先胜后败，"亡七都尉"（《史记 · 王翦列传》），损失惨重。楚军随后追击，直逼秦境，威胁秦国。秦王嬴政闻讯大怒，但也无计可施，此时他才相信王翦的话是符合实际的。但王翦已不在朝中，于是秦王嬴政亲往频阳，请求王翦重新"出山"。他对王翦道歉说："寡人未能听从老将军的话，错用李信，果然使秦军受辱。现在听说楚兵一天天向西逼近，将军虽然有病，难道愿意丢弃寡人而不顾吗？"言辞恳切，出于帝王之口，实属不易。但是王翦依然气愤不平，说："老臣体弱多病，脑筋糊涂，希望大王另外挑选一名贤将。"秦王嬴政再次诚恳道歉，并软中有硬地说："此事已经确定，请将军不要再推托了。"王翦见此，便不再推辞，说："大王一定用臣，非六十万人不可。"秦王嬴政见王翦答应出征，立刻高兴地说："一切听凭将军的安排。"

秦王嬴政二十三年（公元前 224 年），秦王嬴政尽起全国精兵，共六十万，交由王翦率领，对楚国进行最后一战。他把希望全部寄托在王翦身上，亲自将王翦送至灞上，这是统一战争中任何一位将领都未曾得到过的荣誉。嬴政与众不同的性格再次显露出来，他知错就改、用人不疑的品性，使他再次赢得了部下的信任，肯为之卖命。

受到秦王如此信任和厚爱，对荣辱早已不惊的王翦丝毫没有飘飘然之感，他知道，秦国的精锐都已被他带出来了，而如果得不到秦王的彻底信任，消除他的不必要的顾虑，自己在前方是无法打胜仗的，而且他本人和全家乃至整个家族的命运都不会有一个完美的结局。所以，当与秦王分手时，王翦向秦王“请美田宅园甚众”。对此，秦王尚不明白，他问：“将军放心去吧，何必忧愁会贫困呢？”王翦回答：“作为大王的将军，有功终不得封侯，所以趁着大王亲近臣时，及时求赐些园池土地以作为子孙的产业。”秦王听后，大笑不止，满口答应。大军开往边境关口的途中，王翦又五度遣人回都，求赐良田。对此，秦王一一满足。有人对王翦说：“将军的请求也太过分了吧！”王翦回答：“不然！秦王粗暴且不轻易相信人。如今倾尽秦国的甲士，全数交付我指挥，我不多请求些田宅作为子孙的产业以示无反叛之心，难道还要坐等秦王来对我生疑吗？”

王翦不仅会用兵，而且深知为臣之道，他摸透了秦王嬴政的为人品性，所以采取了“以进为退”的策略，以消除秦王对自己可能的怀疑之心。同时，从王翦的话语中可以看出，秦国的制度是十分严密的，王翦率领全部精锐远出作战，不仅不敢生反叛之心，反而一而再、再而三地向秦王表示不反之心。不是不生，而是不能也。秦国严密的维护君权的制度，使得任何人不敢造次。

王翦不负重托，经过一年的苦战，终于灭亡了楚国。

从对王翦在灭楚问题上前后态度的变化，显示了秦王嬴政所具备的非凡的操纵才能。这种素质和才能不是每一个人都具备的，也不是每一位君主或最高领导人所能够具备的，它们是秦王嬴政得以实现统一中国目标的基本保证。所以，秦始皇能够灭六国、统一中国不是偶然的。

秦王嬴政用王翦代替李信取得了灭楚战争的胜利，但是对于曾大败于楚军、令秦军备受耻辱、使秦王嬴政极为恼怒的李信，秦王嬴政不仅没有给予任何处罚，相反仍用之不疑。后来，秦王嬴政派李信与王翦的儿子王贲进攻败退到辽东的燕王，生擒燕王；之后，还攻代，得代王；

最后攻入齐国，再擒齐王。得胜回朝后李信因功而受封为陇西侯。

打了败仗而不受处罚，还能戴罪立功，取得骄人的战绩，最后因功封侯，这是秦王嬴政统御之道取得成功的又一典型事例。为什么秦王嬴政对李信情有独钟，给予如此的厚爱？要是他能对每一个战败的将领都能以此态度对待的话，桓齿奇还会因在赵国败于李牧而逃亡吗？问题的答案恐怕还是从秦王嬴政本人是年轻人，李信也是年轻人，二人之间更能沟通和相互理解这个角度解释更合理一些。同时，秦王嬴政看出了李信的才能，所以对他破例。另外，李信为秦王嬴政带回了令其痛恨不已的燕太子丹的首级，恐怕也是秦王嬴政不处罚李信的重要原因之一。尤其是李信在那次战斗中所表现的勇猛敢战的精神，给秦王嬴政的印象太深刻了。

不管怎么说，以君主之尊，能主动放下架子，在事实面前勇于承认自己的错误，实在是一种难得的统御品质。

能够容忍别人犀利的指责

有的领导者面对下属的不同意见或指责时，心里也清楚别人讲的话是事实，有道理，但就是不能容忍人家“大不敬”的态度，并为此放弃改正错误的机会。殊不知，只有那些能够容人，尤其能容难容之人的人，才值得别人尊敬。

侯生，韩国人，史佚其名，原为秦始皇信任的方士。秦始皇三十二年（公元前 215 年），秦始皇曾派他与韩终、石生“求仙人不死之药”。

韩终、石生都是秦时的方士。据说韩终曾经不穿衣服，只着菖蒲（一种植物），长达三年之久，以致身上都生了毛，以后冬天再冷他也不怕。还说他能“日视书万言”，并且都能背诵出来。石生则仅见于《史记·秦始皇本纪》之中，接受秦始皇的命令后，二人便均不知所终，也许死于咸阳“坑儒”的四百六十余人当中，也许逃亡他地。

侯生虽受秦始皇信任，但他知道自己是提着脑袋过日子，弄一些连他自己都不相信的东西欺骗秦始皇，早晚是要被识破的。于是，秦始皇三十五年（公元前 212 年），侯生与另一个方士卢生一合计，决定“三十六计走为上”，跑了。临行前散布了一堆秦始皇不爱听的话，称：“始皇为人，刚愎自用；灭诸侯，并天下，意得欲纵，以为自古没人比得上自己；专任狱吏，狱吏得亲幸；博士虽七十人，只是备员而不用；丞相诸大臣都是接受已经决定好的事情，在皇上的指示下进行办理。皇上乐以刑杀为威，天下都畏罪持禄，不敢尽忠。皇上听不到自己的过错，一天比一天骄傲，臣下则慑伏谩欺以取容。秦法，不得一个人兼行两种巫术，不灵验的就处死。但是候星气占卜者多达三百人，都是良士，他们畏忌讳谀，不敢直言皇上的过错。天下之事无小大都由皇上来决断，皇上批阅文件用衡石来称量，每天都有限额，不达到定额不休息，贪恋权势到如此程度，不可以为他求仙药。”于是这番话，结果酿成了四百六十余人被坑杀的悲剧。

侯生、卢生知道自己犯了死罪，为了缩小目标，便分头逃亡。卢生一去再无音信，不管有何传说，反正秦始皇再没见过他。而侯生不知何故，是过不惯逃亡的日子？是舍不下亲人？还是对四百六十余人的死感到内疚？居然壮着胆子又回来了。

秦始皇获知侯生回来了，立即下令将其拘来见自己，准备痛骂一顿后车裂处死。为此，秦始皇做了一番精心的准备，特意选择在四面临街的阿东台上怒斥侯生。这里能够让许多人都看得见、听得着，可以起到杀一儆百的作用。当始皇远远望见侯生走过来时，便怒不可遏地骂开了：“你这个老贼！居心不良，诽谤你主，竟还敢来见我！”周围的侍者知道侯生今天活不成了。

侯生被押到台前，仰起头说：“臣闻，知死必勇。陛下肯听我一言吗？”始皇道：“你想说什么？快说！”于是，侯生鼓动起嘴巴说道：“臣闻：大禹曾经竖起一根‘诽谤之木’，以获知自己的过错。如今陛下为追求奢侈而丧失根本，终日淫逸而崇尚末技。宫室台阁，连缀不绝；珠玉重宝，堆积如山；锦绣文采，满府有余；妇女倡优，数以万计；钟鼓之乐，无休无止；酒食珍味，盘错于前；衣裘轻便和暖，车马装饰华丽。所有自己享用的一切，都是华贵奢靡，光彩灿烂，数不胜数。而另一方面，黔首（秦时对不做官之人的称呼）匮竭，民力用尽，您自己还不知道。对别人的指责却恼怒万分，以强权压制臣下，以致下喑上聋，所以臣等才逃走。臣等并不吝惜自己的性命，只是惋惜陛下之国就要灭亡了。听说古代的圣明君主，食物只求吃饱，衣服只求保暖，宫室只求能住，车马只求能行，所以上没有看到他们被天所遗弃，下没有看到被黔首抛弃。尧时茅屋顶不修葺，栎木房椽不砍削，夯土三级为台阶，却能怡乐终身，就是因为少用文采、多用淡素的缘故。丹朱（尧之子）傲慢肆虐，喜好淫逸，不能修理自身，所以未能继承君位。如今陛下之淫，超过丹朱万倍，甚于昆吾（夏的同盟者）、夏桀、商纣千倍。臣恐怕陛下有十次灭亡的命运，而没有一次存活的机会了。”

听了这番话，始皇默然良久，之后缓缓说道：“你何不早言？”侯生回答：“陛下的心思，正在飘飘然欣赏自己的车马服饰旌旗之物，且自认有贤才，上侮五帝，下凌三王；遗弃素朴，驱逐末技，陛下灭亡的征兆已经显露很久了。臣等生怕说出来也没有什么益处，反而自己送死，所以逃亡离去而不敢言。现在臣必定要死了，才敢向陛下陈述这些。这番话虽然不能使陛下不灭亡，但要让陛下知晓明白为何灭亡。”始皇问道：“我还可以改变这一切吗？”侯生回答：“已经成形了，陛下坐以待毙吧！如若陛下要想有所改变，能够做到像尧和禹那样吗？如果不能，改变也毫无意义。陛下的佐助又非良臣，臣恐怕即使改变也不能保存了。”始皇听后长长地叹了一口气，下令将侯生放掉。

侯生逃亡之事发生在秦始皇统治末期，虽然秦始皇当时不过四十六七岁，尚属英年，但他已经取得了骄人的功绩，头脑热胀，目空一切，犹如侯生所说，不太能清醒地正视自己。即便如此，在对待侯生的态度上，我们是能够看出秦始皇纳谏的勇气，说明他还不糊涂。尤其是在盛怒之下，在听了侯生一番大逆不道的言辞以后，秦始皇居然能将他放走，从秦始皇的性格上分析似乎不太可能，但是从他一贯的统御之道来分析，秦始皇往往能在盛怒之下控制自己的感情，当然对方必须是言之有理，话必须说到点子上，否则必有杀身之祸。

大多数人对于嬴政的历史印象是残暴，这是坑儒之举的恶果。但是看看他对于侯生的态度，我们掰着指头数数中国历史上的明君，又有几个能做到呢？

统御有大成者自有其非凡之处，信之。

虚心向下属求谏

一个“求”字重有千钧。求不是被动地接受，而是主动寻求，可贵的是统御者所寻求的对象是自己的下属。天下能做到这一点的能有几个？而能做到这一点的，又有几个不是留名青史的明主呢？

正因为懂得非集思广益难以治理一个大国，唐太宗李世民才急切地求谏，而求谏就牵动了求人，求谏求人是互为关联的，因为有人才有“谏”。

由于李世民平日仪表威严，常使朝见的百官举止失措。当他了解此事后，每次召见朝事者，都尽量做出和颜悦色的样子，以希望听到大臣谏言，了解政教得失。

贞观初年，李世民曾对王公大臣说：“人想要看清自己，必须靠明镜鉴别；君主想要知道自己过失，必须依靠忠臣指正。如果君主自以为贤明，臣子又不加指正，要想国家不亡，怎么可能呢？若君主丧其国，大臣也难保其家。隋炀帝暴虐凶残，大臣都闭口无言，使他听不到别人指正自己的过失，最终导致亡国。虞世基等大臣不久也遭诛杀：前事不远，你们一定要加以借鉴，看到不利百姓之举，一定要直言规劝。”

李世民还对身边的大臣说："正直之君如用邪恶之臣，国家就无法太平；正直之臣若事邪恶之君，国家也无法太平。只有君臣同时忠诚正直，如同鱼水，那天下才能平安。朕虽然并不聪明，但有幸得到各位公卿的匡扶指正，希望凭借你们正直的谏议帮助朕把天下治理太平。"

谏议大夫王珪听皇上这样说，便进言道："听说木从墨线则直，君从进谏则圣。所以古代圣明的君主一定至少有七位谏官。向君主进谏，不予采纳就以死进谏。陛下出于圣明的考虑，采纳愚鄙之人的意见。愚臣身处这个开明的时代，愿意倾尽自己的全部力量为国效忠。"

李世民对王珪的话表示赞赏。于是诏令："从今以后宰相进宫筹划国事，都要带谏官以参预筹划。谏官们如有好的谏议，朕一定虚心采纳。"

贞观二年（公元628），李世民对身边的大臣说："圣明的君主审视自己的短处，从而使自身日益完善，昏庸的君主则庇护自己的短处，因而永远愚昧。隋炀帝喜欢夸耀自己的长处，遮掩自己的短处，拒听谏言，臣下的确难以冒犯皇上。在这种情况下，虞世基不敢直言劝谏，恐怕也算不得什么大过错，因为商朝箕子装疯卖假以求保全，孔子还称他仁明。后来隋炀帝被杀，虞世基遭株连，这合理吗？"

杜如晦对此发表见解，说："天子有了忠诚正直的大臣，虽无道也不会丧失天下。孔仲尼曾说：'春秋卫国大夫史鱼，多么忠诚正直啊！国家有道，他直言上谏；国家无道，仍直言上谏。'虞世基怎么能因为隋炀帝无道而不纳忠言，就缄口不语了呢？苟且偷安占有重要的官位，也不主动辞职隐退，这同殷代微子谏而被拒即装疯逃去，情况和道理都不同啊！"

杜如晦又说："拿昔日的晋惠帝来说吧，当贾后将太子废掉时，司空张华并不苦谏，只一味随顺苟免祸患。赵王伦发兵废掉了皇后，派人问张华，张华就说：'废掉太子时，我不是没有进言，只是当时未被采纳。'使臣说：'你身居三公（东汉以后，以太尉、司徒、司空合称三公，为共同负责军政的最高长官，张华官任司空，故以三公相称）要职，太子无罪而被废除，即使谏言不被采纳，又为何不引身告退呢？'张华无言以对。于是使臣斩了张华，灭了他的三族。"

杜如晦据此总结说："古人云：'国家危急不去救扶，社稷危急不去匡正，怎能用这种人为相？'所以'君子面临危难而不移气节'。张华逃避责任但也不能保全其身，作为王臣的气节丧失殆尽。虞世基高居丞相，本来占有进言的有利位置，却无一言进谏，也实在该杀。"

李世民听了杜如晦这番大论，十分赞佩，便说："您说得有理。大臣一定要忠心辅佐君主治理朝政，这样才能使国家安定，自身保全。隋炀帝的确就是因为身边没有忠臣，又听不到别人指正自己的过失，才积累祸患、导致灭亡的。君主如果行为不当，臣子又不加匡正劝谏，只一味阿谀奉承，凡事都说好，那君主一定是昏庸的君主，大臣一定是谄媚的大臣。臣为谄媚之臣，君为昏庸之君，那国家离危亡还有多远？以朕现在的志向，正是要使君臣上下各尽其责，共同切磋，以成正道。各位公卿一定要忠于职守，直言进谏以匡正补救朕的过失。朕决不会因为你们的犯颜直谏而对你们怨恨责备。"

李世民对规谏之臣十分感激，谏臣们也为此心情舒畅。

贞观六年（公元632），因为御史大夫韦挺、中书侍郎杜正伦、秘书少监虞世南、公卿姚思廉等人的上书内容，都十分符合李世民的心意，李世民遂召见他们说："朕遍察自古以来大臣尽忠之事，如果遇到明主，便能够竭尽忠诚，加以规谏，像龙逢、比干那样的忠臣，竟然不能避免遭到杀戮而且祸及子孙。这说明，做一个贤明的君主不容易，做一个正直的臣子尤难。朕又听说龙可以被降服驯养，然而龙的颌下有逆鳞，一旦触犯就会伤人。君主也是这样，他的颌下也有逆鳞。你们不避触犯龙鳞，各自进谏奏事，如能经常这样做，朕又何忧社稷的倾覆呢！每想到你们忠心进谏的诚意，朕就一刻不能忘记。所以特设宴招待你们来共享欢乐。”在赐酒欢宴的同时，还赏赐给他们数量不等的布帛。

大常卿韦挺经常上疏李世民，陈述政教得失。李世民写信给他说：“朕看了你的意见，感到言词十分中肯，言辞、道理很有价值，对此朕深感欣慰。从前春秋时齐国发生内乱，管仲有射齐桓公衣钩之罪，然齐桓公小白并不因此怀疑管仲，这难道不是出于对‘犬不咬其主，事君无二心’的考虑吗？”

他又说：“您的真诚之意从奏章之中可以看得出来。你如果保持这种美德，一定会留下美名；如果中途懈怠，岂不可惜！希望你能够始终勉励自己，为后人树立楷模。这样后人视今人如楷模，就像今人视古人为楷模一样，这不是很好吗？朕近来没听旁人指正朕的过失，朕也看不到自己的缺点，全靠你竭尽忠心，多次向朕进献嘉言，以此沃我心田，这种感激之情，是一时无法表达完的！”

正如前面所述，李世民不但希望别人对他进谏，而且还要求大臣官僚们也能接受下属的劝谏。贞观五年（公元631），他对房玄龄说：“自古以来，帝王大多纵情喜怒。高兴时滥赏无功，愤怒时则乱杀无辜。所以天下遭受损失和造成混乱，莫不由此而生。朕现在日夜为此事担忧，常常希望你们直言进谏。你们也要虚心听取别人的劝谏，不要因为别人的话不合自己的心意，就庇护自己的短处，不去接纳别人的正确意见。如果不接受别人的劝谏，又怎能劝谏别人呢？”

在求谏的同时，李世民还注意把“慎独”同求谏结合起来，将其为封建帝王的修身之道。

贞观八年（公元634），李世民对身边的大臣说：“朕每次独居静坐时，都深刻反省，常常害怕自己的所作所为上不合天意，下为百姓不满。因此希望有正直忠诚的人匡正劝谏，以使自己的思想能与外界沟通，百姓不会心怀怨恨而耿耿于怀。近来朕发现前来奏事的人多带有恐怖畏惧之色，致使语无伦次。平时奏事，尚且如此，更何况耿直劝谏的，一定更害怕触犯龙颜。所以每次前来进谏，纵然不合吾意，也不认为是违逆犯上。如果当时对谏者斥责，奏事者会心怀恐惧，那他们又怎敢直陈己见呢？”

此时已是贞观中期，李世民发现向他进谏的人减少了，于是他问魏徵：“近来朝中大臣都不议论朝政，是什么原因呢？”

魏徵分析说：“陛下虚心采纳臣下意见，本来应该有人进谏。然而古人说：‘不信任的人来上谏，就会认为他是毁谤自己；信任的人却没有谏言，就会认为他白食俸禄。’但是人的才能器量有所不同。懦弱的人，虽然心怀忠信却不敢言；被国君疏远的人，害怕对己不利而不敢言。所以大家都闭口缄默，随波逐流，苟且度日。”

李世民说：“的确如您所说的那样。朕常常在想，臣子想要进谏，但害怕带来灾祸，难保性命，这与那些冒着被鼎镬烹死、被利剑刺死的人有什么不同呢？所以忠诚正直的大臣，不是不想竭诚尽忠，而是太难了。所以大禹听到善言就向人拜谢，就是这个原因。朕现在敞开胸襟、广纳谏言，你们切不要过分恐惧，只管极力进谏。”

贞观十六年（公元642），李世民对房玄龄说：“自知者明，而能够做到这一点确实很难。写文章的人和从事技艺的人，都自以为出类拔萃，他人比不上。如果著名的工匠和文士，能够互相批评、指正，那么文章和工艺的拙劣之处就能够显现出来。由此看来，君主必须有匡正规谏的大臣来指正他的缺点过失。君主日理万机，一个人听政决断，虽然忧虑劳碌，又怎能把事情全部处理妥当呢？朕常常思考，遇事时魏徵随时都能给予指正、规谏，且多切中失误之处，就像明镜照见自己的形体，美丑一下子都能显现一样。”于是举杯赐酒给房玄龄等人，以资鼓励，意思是让他们向魏徵学习。

据史载，有一次李世民曾问谏议大夫褚遂良：“从前舜打造漆器，禹雕镂俎，当时规谏舜禹的就有十多人，盛装食物的小小器皿，何须这么多人苦谏？”

褚遂良说：“雕琢器皿会影响农业生产，纺织五彩绦条会耽误女子的工作。追求奢侈糜烂，那么国家就会慢慢走向灭亡。漆器不满足，必有金器代替；金器不满足，必用玉器代替。所以正直的大臣的规谏必须在事情刚开始的时候。等到了一定程度，就没有规谏的必要了。”

李世民听了，深以为然，高兴地称赞褚遂良说得对，并说：“朕的行为如果有不当之处，不管是开始还是结束，都应该进言规谏。近来朕看前代的史书，有的大臣向君王谏事，君主总是回答“已做过了’或者‘已经允诺’，实际上却并不加以改正，这样下去国家走向危亡，就会像翻掌一样容易啊。”

作为一名掌握国家最高权力的封建君王，每句话都可以当做“圣旨”来看待，这样说，也就等于这样去做。从这些生动的事例我们不难看出，贵为天子的李世民思想境界的高远和通达，心境的透亮和宏阔，在封建社会中恐怕只有少数明君才具备。

危言虽然耸听更应多听

在安逸的环境下，领导者的精神容易松懈下来。作为一种规律，奋发图强的劲头一旦减弱，耳根子也会变得硬起来，喜欢听歌功颂德的赞歌，听不进既刺耳又显耸听的危言。其实越是这个时候，领导者越需要一些危言刺激他日渐麻木的神经。

由于贞观初年君臣上下的励精图治，贞观中期经济有了大的起色，然而随着国库的充盈，李世民也渐渐有了享受安逸之心，国中时风也渐有奢侈之象。有鉴于亡隋之鉴，一些忠良的臣子们由此而生出忧虑。

在贞观八年（公元634），左仆射房玄龄和右仆射高士廉，在路上遇到了少府监（注：少府，唐初专管工程修建的官署。）窦德素，问他北门宫近来又在建造什么工程。窦德素便将两位大臣问事之举告诉了李世民，李世民就有些不悦，心想：虽然本朝从不以僭越问罪于下臣，敞开怀抱纳谏，但你们做下臣的也未免管事太宽，于是召来房玄龄，有些动气地说："你只管南衙的事就行了，朕在北门宫建造一些房屋与你何干？"

房玄龄等人听了，只好俯首谢罪，然而，魏徵却由此看得更深远一些，站出来指责李世民的做法无理，他进言道："臣不明白陛下为什么责备房玄龄、高士廉，也不明白房玄龄、高士廉为什么要谢罪。房玄龄等既为国家大臣，就是陛下的臂膀和耳目，纵使北门有所营造，为什么就不容许他们知道？臣对此有所不解。修造房屋是有利还是有害，用的人工是多还是少，陛下做得对，做大臣的则应当协助陛下把事情办好，若陛下做得不对，就是已开始营造，做大臣的也有责任奏请陛下停工。这是‘君使臣、臣事君’的根本之道。房玄龄等询问此事固属无罪，而陛下却责备他们，这是臣所不明白的；房玄龄等不知道自己所应管的职守，而只知道向陛下磕头谢罪，这也是臣所不解的。”

听了魏徵的话，李世民不但没有动怒，还在闻言之后深以为愧。

北门宫的土木之工既完，此事未过多久，敢言善谏的魏徵看到奢靡倾向越来越严重的各种政令又频频发布起来，他更加担心李世民难以保持俭约之美德了，于是在贞观十一年（公元637），向李世民上奏了名垂青史的“治国三策”。

魏徵在“治国三策”中写道：“以臣所见，自古以来，凡是承天受命开创帝业，或继承帝位的人，他们驾驭英才，面南而治，都想德配天地，名齐日月，让子孙百代将帝位永远传下去。然而善始善终者少，倾败衰亡者多，这是什么原因呢？就是因为他们没有遵循治国之道。前朝亡国的历史教训就近在眼前，可以为鉴戒。”

魏徵说：“隋朝统一天下三十余年，兵强马壮，声威远播万里，震动异国，一旦覆亡，尽为他人所有。那时的隋炀帝难道不想让天下安定、社稷长久，故意要推行桀纣之暴政，以造成自己灭亡吗？而究其实，他只是犯了仗恃其国家富强，而未考虑后患的错误。他驱使天下百姓顺从自己的奢欲，搜刮天下财物供自己享受，搜选天下美女，掠夺远方的珍宝，宫苑装饰得豪华壮丽，楼台修建得高峻宏伟，徭役无穷无尽，用兵无休无止。外表威严庄重，内心猜忌险恶。谗佞邪恶之臣，必定会得到他的官禄和好处，而忠正之士却连性命都难保。佞臣上下互相欺蒙，君臣离心离德，老百姓不堪忍受，国家分崩离析。于是像隋炀帝这样的堂堂一国之君，竟死于匹夫之手，连其子孙也被斩尽杀绝，成为天下人的笑柄，能不令人痛心吗？”

魏徵指出，如果考虑到既成的东西不要毁坏，仍然保持旧貌，就要免除那些不急之务，徭役要减之又减。即使是茅舍与华厦共存，玉砌和土阶并用又有什么妨害？既要使人敬业乐业，又要不竭民力，要常想到自己受而不劳的安逸和别人劳动的辛苦，这样，老百姓就会自愿来服役，他们依靠天子的恩德而安居乐业。这是治国的中策。

魏徵指出：“如果是唯我独尊，不考虑后果，不善始善终，忘记了缔造国家的艰难，认为有天命可以依传，从而忽视住陋室时的艰苦朴素作风，一味追求雕梁画栋的奢侈生活，宫殿在原有的基础上还要加以扩充，并大加修饰，唯美是求，做事皆以此类推，从不知足，人民所见到的只是无止无休的劳役，见不到国君的恩德，这是最糟糕的治国方法。这样的做法好比是背着柴薪去救火，向锅里添滚水来止沸，是用暴政来替代暴政，与原先的乱政同出一辙，其后果是不堪设想的。一旦如此，后世子孙将如何看待陛下的事迹？没有清明的功绩就会遭到天怒人怨，天怒人怨则灾害必生，灾害发生就会引起祸乱，祸乱一起，要保全自身性命和荣誉名声就很难了！这是治国的下策。”

“臣下以为，顺应天命、鼎革天下之后，大唐将有七百年隆盛的国运，并将江山遗留给子孙，传之万代。江山难得而易失，陛下能不认真考虑这个至关重要的问题吗？”

看了魏徵的“治国之策”，李世民内心十分感动，他亲自写诏书回答魏徵，诏书中说：“你所呈献的至诚之言，使朕明白了自己的过失。朕当置之茶几上，就像西门豹佩韦以自缓，董安于佩弦以自急（注：意即西门豹性急，经常身带柔软的皮件来提醒自己；董安于性缓，经常身带绷紧的弓弦作为提醒。）一样，时刻提醒自己。朕必定能在晚年把国家治理好，使‘康哉、良哉’的盛世颂歌，不只出现在虞舜时代。如今，我们君臣之间，就如同鱼水一样亲融无间，对于你的佳谋良策，迟至今日才做答复，希望你仍能犯颜直谏，无所顾忌。朕将虚怀静心，恭候你的善言。”

从李世民君臣之间发生的这些关于禁绝浮华奢靡的劝谏、从谏之事上，后世不但可以看出贞观时君臣之间互相依赖、互相信任、互相支持的清新政治之风，更能找到李世民为什么能在短短的一二十年将大唐推向昌繁的原因。

正所谓饱暖思淫欲，人的生活一旦安逸无忧，私欲就会膨胀。纵然是自制力很强的人也是如此。到了贞观中期，随着物质的丰富，李世民谦逊俭约的作风一年年地减少，并且还常常大兴土木，追求锦衣玉食，这就使得民心没有贞观初那样安定了。

然而李世民的幸运在于，一旦有政治上的失误，舆情的变异，即便他还没有觉察到，而由于他对臣子的信任，使得手下臣子纷纷冒死相谏，也能使政治上的失误及时得以纠正。由此看来，治理国家要想善始善终，手下总归是离不开一批忠心耿耿的有识之士的。

早在贞观之初，李世民已经对自己是否能善始善终有了警惕性，他拿汉代君王与臣子之间互不信任而导致善始不能善终的例子对臣子们说：“自古以来为政比较好的君主，大多不能坚守已有的成就。汉高祖，只不过是泗水的一个亭长而已，起初能够拯救危亡，铲除暴虐，成就帝业，然而如果他再多活十几年，他也可能因纵情安逸而颓败，未必能保住功绩。为什么这样说呢？汉惠帝刘盈处于嫡传长子的重要地位，温和而谦虚，仁义而贤孝，但高祖却被戚夫人的儿子迷惑住，想立他为太子。萧何、韩信，有很高的功业，而萧何却被乱加拘押（注：丞相萧何曾为百姓请求，将皇家国林上林苑的空地改作民田，刘邦因而发怒，将萧何交给廷尉用刑具拘押了几天），韩信也无故遭贬（注：有人密告楚王韩信将要反叛，刘邦用计逮捕了韩信，贬为淮阴侯。后来吕后趁陈豨谋反时，骗韩信入宫，擒而斩之，并诛灭三族），其余功臣如英布等人，自然畏惧不安，以至于发展成反叛（注：由于彭越、韩信等相继被刘邦斩杀，英布举兵反刘邦，战败逃往江南，被长沙王诱杀）。君臣之间原有的本如父子的关系，竟错乱到这种地步，难道不是难保功业的明证吗？朕所以不敢恃天下之安，每思危亡之事以自戒，用来保持其终。”

说这些话时李世民初登大位不久，头脑是如此的清醒，然而自己最终却也难以避免骄奢的倾向，可见明智的君主也难免有迷失的时候，这种时候就显示出忠良之臣的重要了。

贞观十一年（公元 637），马周以奢纵之君亡国的前车之鉴来启悟李世民，直言进谏道：“臣历睹前代，从夏、殷、周和汉朝统一天下的情况看来，帝位的传相继承，时间长的朝代可延续八百多年，短的朝代也有四五百年，莫不是由于国君不断地积累德行、功业，将恩德存留在百姓心中所致。但邪辟的君王出现也是难以避免的，只是依赖前代贤君早年施于百姓的恩德，从而避免了国家出现动乱的灾难罢了！”

“从魏、晋以来，及至北周、隋朝，一个时间长的王朝不过存在五六十年，短的王朝只延续了二三十年就灭亡了，这都是因为创业的君王没有致力于对广大百姓修行恩德教化，仅仅在当时的环境下，勉强保持着自己的帝位，后世百姓心中也没有前代君王遗留的恩德可以值得怀念。所以继承帝王之位的国君若对百姓的恩德教化稍有衰减，只要有一个人出来大呼造反，那么国家就土崩瓦解了。”

“现在陛下虽然依靠以前对百姓作出的巨大功劳和贡献，而使天下的老百姓人心稳定，但陛下目前越来越不注重施恩于百姓了，恩德的积累也一天比一天少，现在确应当考虑像禹、汤、文王、武王那样，对天下臣民广泛地施行恩德教化，使恩德除了用以自守之外，尚能遗留给后代万世子孙，为皇室的子孙奠定万代传袭的帝位和永久统治天下的基础，怎么能够只求政治教化没有过失，只求维持当时的统治就行了呢？圣明的君王虽然按照具体人的不同情况，进行与之相应的教化，政令的宽厚和严厉根据时势的不同而改变，大致的方针却是在节俭自身、施恩于百姓两个方面，因此国中的百姓对国君就会爱之如父母、仰之如日月，敬之如神明，畏之如雷霆，这就是夏朝、殷朝、周朝和汉朝统治天下时帝位长久传袭而不发生祸乱的原因。”

正当耽于安逸享乐之时，马周的奏章给李世民泼了一盆凉水，看了奏章，使他感到在这一段时间里自己实在是疏忽了善始善终之道，顿时惊醒，于是马上停止了一些奢侈器物与楼阁的制造。然而停止归停止，李世民的思想却不可避免地出现了滑坡，国中经济的日益兴盛使他对丰盛物产毕竟有些陶醉了，他不仅纵情于享受，还不断地向外发动战争来夸耀自己的成功，出兵攻打高丽就是这种思想促动的结果。

此时，魏徵又站了出来，他诚恳地向李世民进行规谏：“臣观自古以来的帝王取得天下，建立王朝，都想把皇位留传万代子孙作打算，所以当他稳坐在朝堂上垂衣拱手，对天下宣布政令、谈论治国的方法的时候，必先推崇质朴敦厚，抑制虚浮华丽；评论人物时，必定尊重忠诚贤良，轻视邪恶；讲述法度时，则杜绝奢侈浪费，崇尚俭朴节约；谈论物产时，一定重视谷物布帛而轻视珍宝奇物。接受天命之初，都遵循这些原则以达到政治清明。稍微安定以后，却又大多违反这些原则，败坏了社会风俗。陛下知道这是什么缘故吗？”

在奏章中，魏徵语重心长，苦口直言道：“难道不是因为自己处在极尊之位，拥有天下的财富，说话没有谁敢违背，行动没有谁不顺从，公道被个人的感情所淹没，礼仪法度被嗜好欲望所吞噬的缘故吗？古人有道是：‘不是懂得道理难，而是实行起来难；不是实行起来难，而是坚持到底难。’陛下，这话说得很实在啊！”

“陛下，您二十岁左右就力挽狂澜，平定了全国，开创了帝王的基业。贞观初年，正值陛下年轻力壮之时，抑制减少嗜好欲望，亲自实行节俭，内外安乐宁静，以至于社会出现了极清正的局面。论功劳，就是商汤、周武王也不能及；讲道德，您就是与尧、舜也相差不远。”

“臣自从被提拔在陛下左右，十余年来，常在运筹帷幄时侍候陛下，多次敬受英明的旨意。陛下常赞许仁爱、正义的治理方法，坚持而不放弃，称扬俭朴节约的志向，始终不渝。一言可以兴邦，就是这个道理；陛下的德音常在臣耳边回响，臣怎敢忘记？近年来，陛下已经稍微违背了原来的志向和敦厚纯朴的精神，渐渐不能坚持到底了。臣谨把所了解的陛下的作为列举在下面——”

在奏章里，魏徵指出：“贞观初年，陛下不敢烦扰百姓，没有贪欲，清明宁静的教化，遍及远荒地区。可是现在，这种风气已渐渐消失了。听陛下的言论，远远超过上古的英明帝王，然而论及陛下的作为，还没有超过中等以上的君主，凭什么这样说呢？汉文帝、晋武帝还不是古代的英明帝王，而汉文帝不接受千里马，晋武帝烧掉雉头毛制的裘衣；现在陛下却不远万里寻求骏马，到外国购买珍奇之物，被治理的百姓责怨，被外族所轻视，这是陛下渐渐不能善终的第一条。”

“过去，子贡向孔子请教管理人民的方法，孔子说：‘方法只有一条，这就是惧怕啊——像用腐朽的缰绳驾驭六匹马的车子一样。’子贡说：‘为什么要这样担心呢？’孔子说：‘不用仁义之道引导人民，人民就会仇恨你，你怎么能够做到不担心呢？所以《尚书》上说：‘人民是国家的根本，根基牢固则国家才安宁。’处在人民之上的君主怎么能不谨慎呢？”

“由此而看贞观初年，陛下对待人民还就像对待自己身上的伤口一样关心备至，怜悯人民的辛勤劳苦，爱护人民像爱护自己的子女一样，总是自己保持简朴节约，没有兴建什么宫室。近年来，陛下的心思却全在追求奢侈纵欲上，一下子就忘记了谦虚节俭，轻易地役用人力，还说：‘百姓没有事干就会放纵，劳役就容易驾驭他们。’自古以来，没有由于百姓清闲安乐而造成国家灭亡的，哪有害怕百姓放纵而故意去劳役他们的呢？恐怕这不是振兴国家的正确言论，更不是安抚人民的长远办法吧。这就是陛下渐渐不能善终的第二条。”

“陛下在贞观之初，减少自己的享乐而利于他人，到了现在，却纵欲以劳人，谦虚简朴的作风一年年地减少，骄傲奢侈的性情一天天地改变，虽关心人民的话不绝于口，而最关心的却是自己如何享乐。有时想营建宫室，担心臣下来劝谏，就说：‘如果不这样做，对朕不方便。’碍于君臣的情面，臣下怎么能够再争取呢？您这是执意要封住劝谏者的口，哪里还会再选择好的意见而照着实行呢？这就是陛下渐渐不能善终的第三条。”

“立身的成功与失败，在于个人所处的环境。接触兰草的香色或是接触鲍鱼的腥臭，都会受到它们不同的影响，对亲近的人要谨慎，不能不认真思考。陛下在贞观初年，磨炼名誉节操，对人不偏私，只要贤良就接近。亲爱君子，疏远小人。现在却不这样了，亲近小人，而有礼节地尊重君子。名为尊重君子，实际是敬而远之；名为疏远小人，其实亲热地接近他们，亲近小人，决不是治国之道，疏远君子，难道就是振兴国家好方法了？这就是陛下渐渐不能善终的第四条。”

“《尚书》上说：‘不作无益事损害有益事，功乃成；不珍视奇异物品而轻视日常用品，人乃足。不是生长于本地的犬马不畜养，珍禽异兽不要在城中养育。’陛下在贞观初年，行动遵循尧、舜而抛弃黄金美玉，回复淳朴的本性。近年来，陛下十分喜爱珍稀奇异的东西，难以得到的物品，再远也要得到；珍奇玩物的制作，没有停止的时候。陛下喜好奢靡而希望群臣百姓淳朴，过多地兴办工商业而求农民丰足厚实，道理是明摆着的。这就是陛下渐渐不能善终的第五条……”

魏徵在奏章折上继续写道：“骄傲不可滋长，欲望不可放纵，享乐没有极限，心愿没有永远的满足。这四项是过去的君王用来求得福运，通达事理的贤人用作深切警戒的原则。陛下在贞观初年，孜孜不倦，克制自己，顺从他人，仍常常觉得做得不足；这几年来，稍微骄矜放纵，倚恃伟大的功业，心中蔑视前代帝王；自负圣哲英明，心中看不起当代人物，这是骄傲在滋长。想要干什么，都必须称心如意，即使有时控制情感听从规劝，也始终不忘要干的事，这正是私欲在放纵的表现。一心想行乐，从不感到厌倦，这虽然没有完全妨碍政事，但已不能够存心国家大事，逸乐得有些过度了。如今天下安定，外族诚服，却仍旧让士兵劳苦远征，向边远的外族出师，这就是过分满足自己的心愿。亲近的人迎合陛下旨意而不肯直说，疏远的人畏惧君威而不敢规谏，如此下去，将会损害陛下高尚的品德。这就是陛下渐渐不能善终的第九条。”

“过去唐尧商汤的朝代不是没有灾祸，人们之所以称颂他们的圣明贤德，是由于他们做事能有始有终，无为而治没有私欲。遇上灾害就特别关心百姓，勤于政事，在太平年代也不矜骄不放纵之故也。贞观初年，连年霜灾、旱灾，京郊百姓全都涌向关外做工糊口，他们扶老携幼，往返几年，没有一户人家逃亡，没有一人抱怨，这确实是百姓体会到陛下怜悯抚育他们的情怀，因此到死也没有二心。近几年来，百姓不堪徭役，关中的百姓更是十分疲惫。各种手工匠服役期满，又全留下来继续受雇于官府；正在服役的士兵，大多调到京城去作杂役。在乡间，以购买为名掠夺民财的变相赋税接连不断，道路上押送物资的差夫一个接着一个。既然已经有了弊端，百姓就容易被惊扰，如果遇到水灾旱灾，粮食没有收成，恐怕百姓的心里就不能像过去那样平静安稳了。这就是陛下渐渐不能善终的第十条。"

这是一本精心写的奏折，充分体现了一名封建臣子忠君为国的拳拳之忧。作为一名头脑冷静、思考深远、观察甚明的老臣，魏徵这一次可谓把李世民十几年来为政的历程描述尽致，把近一段时间李世民在政治上的滑坡归纳剖析得入木三分，作为一代敢逆龙鳞的属臣，魏徵大概根本不去担心是否最终激怒皇上，甚至到了晚年尚且来冒杀头之险是否合算，但贞观年间君臣约制的良性互动机制已经形成，李世民从本质上看还是一位明主，魏徵审时度势，对劝谏的效果有着充分的估计，因而也有必胜的信心。

在勇于从谏方面，李世民要比隋炀帝好上几千倍，所以在看了这一奏折后，李世民不禁为之汗颜，认识到魏徵说得句句在理，想想自己这几年的言行，李世民深感愧对臣民。于是，他把魏徵的奏疏贴在屏风上，时时警惕自己，当成了座右铭。

种种实例已足以证明李世民的长于纳谏。也正是由于他长于纳谏，一些正直的大臣才敢犯颜谏上，从而减少了很多政治上的失误，为"贞观之治"的出现创造了良好的条件。同时李世民善于纳谏的风度，也为后世留下了美谈。

最大限度地听取各方意见

领导者应及时了解下情，需要尽最大可能听取各方意见，这样才能做出正确的决策，从而实现政通人和。

君主亲自听政、定期视朝，本是我国古代旧制。清初，顺治皇帝采纳给事中魏象枢等人的建议，定下逢五视朝的制度，平时则不定期地到乾清门听理政务。康熙帝除坚守逢五视朝的定制外，并将御门听政作为一项经常性制度来执行。由于逢五三日常朝礼仪隆重，一般是臣下参拜、升转各官谢恩、贡礼行礼等例行礼仪，并不研讨具体政务，故康熙在常朝之后仍去乾清门听政，御门听政成为康熙接见臣下处理日常政务的最主要形式。

康熙热衷御门听政，既是反对权臣鳌拜的需要，也是对辅政时期政治的重大改进。因为在辅政时期，诸司章奏都是到第二天看完，而且是由辅政大臣等少数几个人于内廷议定意见，汉大学士不能参与其事，鳌拜等人便借机将奏疏带回家中任意改动，以达到结党营私的目的。而御门听政则使年轻的康熙皇帝走出内廷这个狭小的圈子，可以与朝廷大臣广泛接触，从而考察其优劣，亦可团结他们，取得支持，增强铲除权臣的勇气和信心。听政时，康熙与大臣们直接见面，共商国是，而且官员比较广泛，包括大学士、学士、九卿、詹事、科道等官，从而对辅政大臣的行为形成某种程度的制约，对某些擅权越轨行为也能及时发现和制止。

康熙发现，自己每天早起听政，而部院衙门大小官员都是分班启奏，甚至有一部分作数班者，认为“殊非上下一体励精图治之意”，便于二十一年（公元 1682）五月颁旨规定：“嗣后满汉大小官员，除有事故外，凡有启奏事宜俱一同启奏”，无启奏事宜的满汉大小官员亦应同启奏官员一道，每日黎明齐集午门，待启奏事毕方准散去；有怠惰规避，不于黎明齐集者，都察院及科道官员察出参奏。但官员们贯彻起来确实有困难，他们不比皇帝，就住在乾清门旁边，他们“有居住僻远者，有拮据舆马者，有徒步行走者，有策蹇及抱病勉行者”。由于需提前齐集午门守候，他们必须每天三更即起，夜行风寒，十分辛苦，以致白天办事时精神倦怠。后经大理寺司务厅司务赵时揖上疏反映此情，康熙深为感动，立即采纳，于九月二十一日重新规定：每天听政时间向后顺延半个时辰，即春夏七时，秋冬八时，以便启奏官员从容入奏；九卿科道官原系会议官员，仍前齐集外，其他各官不再齐集，只到各衙门办理事务；必须启奏官员如年力衰迈及患有疾病，可向各衙门说明后免其入奏。此后又罢侍班纠劾失仪的科道官员，以便官员们畅所欲言；年老大臣可以“量力间二三日一来启奏”。

官员们也担心康熙每天早起听政过于劳累，一再建议更定御门日期，或三天或五日举行一次。但康熙认为：“政治之道务在精勤，历始图终，勿宜有间”，如果做到“民生日康，刑清政肃，部院章奏自然会逐渐减少。如果一定要预定三日五日为常朝日期，不是朕始终励精图治的本意”，因此对臣下们的好意婉言拒绝。

康熙理政十分认真，各部院呈送之本章无不一尽览，仔细批注，翻译错误之处也能改之。章奏最多时每天有三四百件，康熙都“亲览无遗”。由于亲阅奏章，他对臣下处理政事敷衍塞责、手续烦琐等作风都能及时发现，并予解决。

针对一事两部重复启奏的问题，康熙令会同启奏，不仅简化了手续，有利于提高效率，而且经两部协商讨论后，所提建议往往更实际，不至舛错。

总体而言，康熙继承和发展的御门听政制度，对及时了解下情，发挥群臣智慧，集思广益，使国事决策尽量避免偏颇，政务处理迅速及时，保证封建国家的统治效能，起到了重要的作用，也是康熙朝政治生活的一大特点。

作为少数民族入主中原的封建王朝，清廷一开始就面临着与土著汉人之间的民族矛盾问题，特别是在顺治年间曾形成一场大规模的群众性抗清运动。这场运动虽以清王朝的胜利而告终，却给予新兴的清王朝以沉重的打击，使清朝统治者认识到：要想在幅员辽阔，人口众多，而且经济文化发达的中原地区站稳脚跟，就必须重视满汉关系，缓和满汉民族矛盾。在这一点上，康熙的作为值得称道。

可以说，正是由于康熙帝善于听取各方面的意见，使得他能及时了解各方面的情况，对一些重大问题有正确的认识，这是清朝在康熙治内迅速走向强盛的主要原因之一。

第六章

突破：

把破旧立新作为突破统御局限的途径

如果统御者脑子里预先存在这样那样的条条框框，也就无形中为条框之外的人才设置了发挥才能的障碍。帝王应对影响人才选拔和使用的法令规定进行调整。在具体的人才选拔中，要大胆突破约定俗成的局限，善于立新规、创新法，给人才以报效国家的机会。不管是破还是立，都既需要巨大的斗争勇气，又需要高瞻远瞩的创新思维。只有在统御一道上把破与立完美地结合在一起，方能取得极好的实际效果。

坚决打破人为的局限

所谓人为的局限，也就是不顾事实，把一些个人无知的偏见作为指导全局的规则。康熙深知其弊，所以一俟亲政，就排除各种阻力改变强行区分满汉民族及人才的待遇问题。

满人入关建立清朝后，由于政策不当、残酷压迫汉人，以致满汉关系紧张、矛盾重重。在处理这一问题上，康熙充分展示了他雄霸天下之气度和高屋建瓴之才识，视满汉如一体，公平相待，终于缓和了紧张气氛，团结了两族朝臣。

康熙二十二年（公元 1683）九月九日上谕："朕统一中国，无分中外，凡是民人，都是朕的赤子，恻然怜悯，都是为使他们各乐其居，各安其业。"为此，康熙采取诸多措施，防止满汉互相歧视有碍公务，有碍国家。

首先使满汉官员的待遇，进行调整划一。入关初期，满官品级高于汉官，一般高出二三级，甚至四五级。康熙认为，满汉大小官员，职务相同，品级不一样，应该统一标准。不久，又修成《品级考》刊刻遵行，将满汉官员的品级提升手续俱行划，以争取汉族官员。

满汉官员的其他待遇也进行调整划一，逐渐趋于平等。康熙二十一年（公元 1682）六月二十日，康熙谕曰："满洲大臣患病，皆派遣医生治疗。今闻礼部尚书龚鼎孽患病，朕满汉一视同仁，你们同近传侍卫吴海，带领医生文照，前去龚鼎孳家诊断病情。”龚感戴皇恩，回奏说：“臣是向来多病缠身，今年五月二十九日，在衙门办事，忽然感到头痛眼花，立即回家，病情更加严重，于是请医生调治，尚未痊愈。现在承蒙皇上的特殊照顾，今遣近臣看望，微臣实在是不敢当！”原熙得知后，再次告诉御医，“你们要用心给他调治。”

康熙十二年六月初九日（公元1673），在瀛台设宴招待满汉官员。大学士索额图、兵部尚书明珠传达圣旨：“诸臣日理政务，一点休息的机会都没有。今天正是荷花盛开的时候，夏日的良辰美景，非常令人欣赏。朕因此特殊招待诸王、贝勒及你们诸位大臣聚集一堂，共同欢宴，以表示君臣一体，上下一心。虽然谈不上是佳肴美酒，也可使大家都欢欢乐乐，以表示朕的诚意。”大学士图海等代表众官向皇帝深表谢意，非常感慨地说：“我们生在太平盛世之中，本来就没有什么功劳，正在羞愧不能报答皇上的谆谆教导和扶绥慰劳，虽然说是家人父子之间，也超不过今天的恩情厚意，我们怎么敢当。唯一的愿望就是竭尽全力、掏心肺腑、以效愚忠，便于报答皇上特殊的恩情。”然后，皇帝率官员们泛舟游览中南海的美丽风景，一饱眼福。

康熙十七年（公元1678）十二月八日，康熙指令：“满大臣办理丧事，特遣大臣前去送茶酒。满汉大臣都是一样，汉大臣办丧事，亦应该派大臣往送茶酒。自今以后，凡是遇汉大臣丧事，命满大臣携茶酒前去赐给。”

另在礼仪上，如乡饮酒礼、祭祀孔子、告祭坛庙，满汉臣工一体举行，以合皇上满汉一家、崇儒重道的意愿。

上述措施的实行，使满汉间的民族对立情绪大为减弱，有利于清朝的统治稳固。

除了对满汉朝臣一视同仁外，对广大汉族民众，康熙也着手采取措施加以安抚，消除满汉矛盾。

康熙皇帝消除满汉矛盾的政策，主要有以下几方面的内容：一是在政治上进一步承袭汉制；二是改革各种民族压迫政策；三是新生汉族人民的风俗习惯。这些措施的推行，一定程度上缓和了原来十分尖锐的民族矛盾，清朝政府对广大汉族人民的统治也进一步得到了巩固和加强。

特殊时刻更要勇于寻求突破

所谓突破，必然是对陈规陋俗的反叛。在某些特定的时候，如果一味抱残守缺，尤其作为掌舵国家的帝王屈服于守旧势力的反对，就只有死路一条。这时候，有远见卓识的帝王往往能表现出突破常规的勇气和胆识，而且一跨就是一大步。

康熙不仅在制度上打破满汉界限，在一些具体且重大的统御问题上，也大胆起用汉人。

康熙十八年除夕，康熙命汉将赵良栋率一支五千人的清军部队从陕西的西南部进入四川，到达川江上游的白水坝，俗称“铁门槛”的地方。这里的形势十分险要，江对岸吴三桂的军队垒石固防，又设木栅，防守甚严。川江水流湍急，连一艘渡江的船只都找不到。这时，赵良栋及他勇猛善战的将士们都显出了为难的神色。

赵良栋和另一汉将王进宝分路进取四川，这支强军从陕西一路所向无敌，只要过了眼前这一关，成都就成了囊中之物，然而站着说话不腰疼，这江水，这敌阵，岂是好过的吗？

大敌当前，赵良栋向全军下达命令说：明天元旦渡江大吉大利，弟兄们只要听我的指挥，指到哪里就打到哪里，就可以获胜，拿下这道铁门槛。若有谁后退或不前，立斩不赦！

天一亮，赵良栋就与兵士们一道骑在光背马上，五千骑兵一齐下水渡江，向对岸猛扑。江水其实不深，只见万马腾波，掀起一片汹涌的波涛，将士的喊杀声响彻天空。这一举动导致了对方的疯狂对抗，吴军炮火齐轰，尽管有不少清军兵士中弹倒在江水中，也无一人后退。对岸吴军首领见清军如此勇猛，惊慌失措地说："这老将军（指赵良栋）命令如山，是阻挡不住的啊！"此时正好天助神威，正在激战之中，江面忽起大风，几千匹战马借助风势，像船一样驰向对岸，全军很快渡过了江，吴三桂的军队被赵良栋的猛士打得溃不成军。

这次胜利，是康熙在平藩中重用汉将而采取的策略。战争开始，康熙按传统任命满族皇室成员做各战场的最高统帅，如进剿云贵的大将军顺承郡王勒尔锦、进剿福建的大将军康亲王杰书、进剿四川的定西大将军贝勒赫叶、进剿江西的大将军安亲王岳乐，及其他重要将领如西安将军瓦喀、镇西将军席卜臣、镇东将军喇哈达、平南将军赖塔等，均是王室亲贵。康熙对他们期望很大，指望着他们能建立功勋，为世楷模，因此对他们说："非以诸将才能不足，念诸王、贝勒皆朕至亲，指挥调遣，无所牵制，守御征剿，足增重威。"然而令康熙失望的是，这些皇族多年来一直养尊处优，现在已经远不如入关前的八旗将领，他们不仅缺乏战斗经验，而且没有勇气和胆量，多半为庸碌无能之辈。不仅如此，而且他们并不努力去贯彻康熙的作战意图，积极完成军事任务，反而屡失战机，致使清军接连不断陷入被动挨打的状态。

从史料看，从正面出兵的顺承郡王勒尔锦是最先被任命的统帅，由于他胆怯畏敌，使吴三桂先行占领了湖南。他的大军只能坐守荆州。征讨耿精忠的杰书，也是平庸无能之辈，康熙曾责备他说："王守金华，将近二载，徒以文移往来，不亲统兵规剿，贼寇何能自灭？”而到江西的简清王喇布则躲在南昌，不敢与吴三桂军接战，因而康熙说他“自至江西，无尺寸之功，深居都城，虚糜粮饷”。由于上述王公的不争气，使康熙有恨铁不成钢之念，以至于：陕西提督王辅臣叛变，他也认为是由于前线的各将军大臣不遵旨授，互相观望，迟延不进，以致贼寇得据大江之南，贼威未灭，故有此变。这使康熙气得有了御驾亲征的念头，说：“朕欲亲至荆州。”但后来被派去讨伐王辅臣的贝勒董额，仍然不济事。康熙命他进驻兰州，他却躲在西安不敢出来，致使兰州失守，偏关被毁，栈道被阻，陕甘数十郡相继被占，造成西北更加危急的局势。

庸碌无为的皇室宗亲和日益危急的局势，终于使康熙深刻地认识到：平定三藩，不重用汉将是不可能取得胜利的。于是陆续调兵遣将，以替换下无所作为的王公贝勒们。十八年，他命令西北汉将乘胜进军，率所属绿营兵平定汉中、安康，收复四川；令满洲大兵相机进剿，并负责接运粮饷，以使前方所需不致匮乏；同时鼓励汉将张勇说：“自古汉兵逆乱，亦惟以汉兵剿平，彼时岂有满兵助战？”果然，由于给予汉将们以极大的信任，赵良栋和王进宝等奋勇争先，不断进攻，很快收复四川，又参加攻取云南，战场局势发生了根本性的转变。主将贝勒彰泰的十万大军围昆明九个月未能占领，赵良栋率军一到，就发动猛攻，最后乘夜色与负隅顽抗的残敌进行激烈肉搏，终于攻克昆明，为平三藩立下最后一功。可以说，平定吴三桂，离不开康熙重用的汉将汉兵。

康熙突破统御终于用到了可用之人，于是，用出了战局的胜利，也用出了突破困境的新局面。

抱残守缺等于自寻死路

少数民族出身的帝王，往往把民族问题扩大化，并以民族的界限作为统御的界限，这对于统御之大局，对于巩固统治显然大有害处，而只有英明的帝王才能拨乱反正。

与康熙皇帝有着相似的政治环境和相似作为的忽必烈，在人才上也能采取打破民族界限的做法。

忽必烈曾经想破格提拔当时担任翰林学士承旨的不忽木做丞相，但不忽木感到自己资历太浅便坚决推辞，忽必烈说：“在你幼年时，我就让你跟从许衡等人学习，就是为了准备今天的使用，请不要推让。”不忽木本人与黄金家族关系密切，他的父亲曾经为成吉思汗的妃子抚养。但不忽木认为忽必烈这样破格提拔他，不能令比他年长、职位高、资格老的大臣信服，因而推荐完泽担任丞相，这种考虑在当时按照人才资历提拔官职的情形下，也不无道理。但忽必烈却表明自己的看法说：“然而没有你别人我是不放心的。”言下之意，只有不忽木才是恰当的人选，非不忽木不可。最终忽必烈在无奈的情况下，折中了一下，拜完泽为右丞相，不忽木为平章政事。不忽木上任后，在处理政事上很使忽必烈放心，深得忽必烈的倚重。

虽然不忽木是高车族人，但忽必烈对他的信任早已超出了民族的界限。至元三十年（公元 1293），忽必烈病危不起，按照规定，不是蒙古人、功勋旧臣不得进入忽必烈的卧室。但不忽木却得忽必烈额外的准许，每天都可进入忽必烈的卧室询问病情、吃药等事，并破例与御史大夫月鲁那颜、太傅伯颜二人一起接受了遗诏，留在宫禁中主持政务。非常有趣的是，当时右丞相完泽来到宫禁，也不被允许进入卧室内。等伯颜、月鲁那颜二人出来后，完泽很是不服气地问道："我的年龄、官位都在不忽木上面，国家有如此重大的决议而不让我参预，为什么呢？"伯颜不无嘲讽地说："假如丞相你有不忽木的胆识与谋略，就不至于让我们这些人如此地劳累。"这一段公案，《元史》中再没有记载什么。垂垂死矣的忽必烈不选择别人，却要选择不忽木等人接受顾命，这本身就是对这一问题的最好注解。

这种信任，很多汉族与其他民族的大员也都曾有幸得到过。

忽必烈对汉族出身的大将张弘范充分信任，放手使用，而委以方面之任的事迹，也是很感人的。公元 1278 年，南宋灭亡后，张世杰、陆秀夫诸人仍然拥立广王赵昺于海上，继续从事反元的斗争，闽、广地区连连响应，对元帝国构成了威胁。对此，忽必烈更不能坐视不管，于是任命张弘范为蒙古、汉军都元帅，领兵消灭南宋广王，彻底完成统一大业。对此信任与殊荣，张弘范不敢接受。因为，按照蒙古帝国的军事制度，汉人不能够指挥蒙古军队。也由于蒙古将领经常轻视汉人将领，常常是分兵作战，或是由蒙古人出身的将领担任总统帅。这就难怪张弘范有所推辞，他请求忽必烈说："臣是一个汉人，如此委任，恐怕违背了制度，最终难以取得成功，我愿意您派一位蒙古大臣与我一块行动。"忽必烈深知此弊，意味深长地说："你还记得起你的父亲与察罕的事情吗？他们俩在攻破安丰城后，你的父亲要留下军队守卫，而察罕不愿意，后来我们的军队向南进攻而安丰城再次被宋军占据，使我军的进退失据，你的父亲由此而留下了深深的悔恨，这都是委任不能专人的结果。今天怎么可以使你造成像你的父亲一样的遗憾呢？”这番拨云见日般的教导，体现了忽必烈远大博识的胸怀。

出征前，在张弘范的请求下，忽必烈又特地赐给他尚方宝剑，以制伏不用命的蒙古将领。果然，张弘范不辱君命，率领蒙古军、汉军，经过一年多的征战，打败南宋残余军队，迫使陆秀夫背负赵昺投海，岭南海表地区全都被平定，立下了汗马功劳。

忽必烈对一些汉人官员，特别地信赖，毫不怀疑地任用他们，使他们能忠心耿耿地替朝廷效忠。至元二十二年，忽必烈赐授董氏家族的董文用为江淮行中书省参知政事，董文用出于理智而一再地推辞。因为当时忽必烈对于汉儒出身的官员有些疏远，并且有意识地加强集权，解去了一些汉人出身官员的官职，对此，董文用不能不有所顾忌，并且忽必烈为了加大财政税收的力度，任用阿合马、卢世荣等人执行以理财为中心的政策，时时地派出使者去检核呼行省的钱粮征收情况，各行省的官员动辄得罪，被革职、逮捕的不在少数。而参知政事一职又不能不负责钱粮方面的事务，出现失误的概率比较大，因而，董文用的顾虑并不是没有道理的。对此忽必烈也很理解，他对董文用说:“卿的家族世代以来非他人可以比拟，朕所以任命你担任这一职务，并不在于你掌钱粮事务，你当视察重要事情，有不便于处理的事务，只管向我奏报。”忽必烈一句话，便释去了董文用的担心，使他放心地去江淮行省任职。

在元朝，的确有些汉人家族得到了忽必烈及其继承者们过分的关怀与信任，像史氏、张氏、董氏等家族就颇受天恩，而成了元帝国统治汉族的政治基础。

但是我们也不能不看到，尽管忽必烈在具体统御举措上往往能打破限制，可自始至终，蒙古统治者将全国人民以蒙古、色目、汉人、南人等而分之的政策没有改变，这导致了尽管由于忽必烈个人的开明，使最上层集团里有一些汉人、南人的影子，但整个统治集团尤其中下层仍几乎完全掌握在蒙古人手里，使其统治的基础极不稳固，也许正是忽必烈与康熙政策上的这一区别，造成元、清国运两百年的差别。

解决新问题要用新办法

人才是成功之本。康熙历来重视人才，为能延揽天下英才而煞费心机。人才各有不同处境，故选材之方式也当多样化。

清朝立国，因是外族入主中原，其统治得不到汉族士大夫阶层和广大读书人的支持。有的人宁愿终老乡野也不出仕为官。在康熙之前，对于士大夫的不配合采用的是镇压、打击的态度。

康熙亲政以后，力图改变这种不利于选拔人才和稳定统治的状况。于是，他发明了“博学鸿儒科”这一敛才招数。

“博学鸿儒科”是康熙皇帝总结我国古代科举制度后新创立的特别科目。我国古代科举制度有一个逐步发展和演变的过程。两汉时，是举荐与考试相结合，设有贤良方正、直言敢谏、文学等诸科，由丞相、列侯、州郡推荐，皇帝临轩亲试录取。至隋唐，科目渐多，其中唯有隋炀帝大业二年始设之进士科最难。它“凭文取人，专主章句”，五十岁考取即算幸运，故有“三十老明经、五十少进士”之谣。至唐玄宗开元十九年又创博学鸿词科，宋继之。至元明清，科举仍以进士为主，并专以八股文取士。所以，康熙一方面沿袭常规之科举旧制，网罗汉族士子；另一方面又通过荐举之法，敦请名节之士出仕任职。然而一般荐者“实应者寡”，必须抓住有利时机，采取特殊办法，才能达到目的。

康熙十五年五月（公元 1676）以降，平叛战争形势发生巨大转机。陕西、福建、广东、江西等各个战场相继获胜，各路大军齐集湖南，聚歼逆首吴三桂之势已成。明朝遗老复辟故国的最后幻想已经破灭。考虑到这种形势或许对那些“气节之士”能有所触动，康熙便借机再次向他们伸出友谊之手，于康熙十七年（公元 1678）正月宣布特开博学鸿儒科。

博学鸿儒科，又称博学宏词科，与唐宋“博学宏词科”名称一致，欲借用其名以加重此科地位，但做法却比较灵活，基本上是采用两汉时期荐举与考试相结合的方法。同时，将宏词改成鸿儒自有深意，因为“鸿儒”系硕学能文之大儒，本身即是极尽荣誉尊崇的称谓。康熙对此降谕，宣称：“凡有学行兼优，文辞卓越之人，不论已仕、未仕，令在京三品以上及科道官员，在外督、抚、布、按，各举所知，朕将亲试录用。”大学士李蔚等遵旨荐举一百七十余人。各地名流学者、怀才不遇之士，皆在被荐之列。因丁忧、病故等因，陆续至京者一百五十人左右。康熙推迟考期，每月每人给俸银三两、米三斗，至试后止，以使研练辞赋，无饥寒之虞。

康熙以创新的办法解决政治上的重大难题，尤其从统御入手作为创新的突破口，一个“鸿儒”，一个“宏词”，一字之差既显示了他以统御求大治的良苦用心，更显示了他高超的统御选人手段。

不拘一格用人才

帝王要突破的固有统御局限之一，就是地位的限制，像清朝普通百姓与八旗子弟的差别等，所以必须摘掉这副有色眼镜统御。事实证明，大凡统御不设限的人，都能在统御上有神来之笔，伊尹之于商汤，就是这样一个神来之笔。

商汤是古代黄河下游商国的国君。据传说，其祖先是帝喾的小儿子，名字叫契。契曾帮大禹治水，立了功，禹赐其姓氏，封他在商地。子契就在封地建立了一个小国家，叫做商，商是夏的属国。夏桀胡作非为的时候，正是子契第十四代孙商汤执政商国之际。又据传说，夏桀身体高大，力大无比，可赤手空拳同虎豹搏斗。但他自负勇武，总认为天下无敌，只知道吃喝玩乐，不管百姓死活。他嫌宫室太简陋，就耗费巨资，动用了成千上万的奴隶，花了 7 年时间，在洛阳修建了一座寝宫。为讨宠妃们的欢心，命人把府库中存放的精美绢帛搬出来，一匹一匹地撕给她听。在宫苑还特建一处酒池，携宫女驾舟荡桨在池上嬉戏。还嗜酒如命，而且一旦醉酒，就拿人当马骑。骑不尽兴，把人杀掉。如此昏庸残暴，惹得众叛亲离、天怒人怨。商汤见状，决定顺乎民心，推翻夏朝。但他前前后后、左左右右反复权衡之后，总觉得万事齐备，还缺一位足智多谋的大贤来辅佐他。大贤在哪儿？他心急如焚、坐立不安。

正当他忧心忡忡之际，忽然感到妻子的陪嫁奴隶伊尹这几天做的饭菜，不是淡得没有一点点咸味，就是放盐过多，咸得发苦。商汤很恼火，就派人把伊尹找来大加训斥，可伊尹不慌不忙地说："我也知道，做菜不能太咸，也不能太淡，只有把佐料放得适当，吃起来才有味道。我这几天做的菜时咸时淡，且咸淡出奇，是我有意借此提醒大王：治理国家也和做菜一样，既不能操之过急，也不能松弛懈怠，只有恰到好处，才能如愿以偿。"商汤听了大吃一惊：一个做菜的奴隶怎能讲出这番话来？他略加思忖，便开始了解伊尹的身世，并惊喜地发现：他原是一位博学多才的大学士，曾一度做过莘国国王女儿的宫廷教师，由于莘国灭亡而至今日。他还了解到，伊尹很有抱负，很有见解，对夏桀极为不满，对自己确是位"踏破铁鞋无觅处"的人才。于是当即解除了伊尹的奴隶身份，任命他为右相。

接着，商汤根据伊尹的建议，先历数夏桀骄奢淫逸，倒行逆施的种种罪行，规劝那些被夏控制的部族反叛夏朝，归顺商国。又对不听规劝的葛伯族出兵进攻直至消灭，还剪除了夏的羽翼韦、顾、昆吾等方国。同时，也采用了伊尹"网开一面"的策略：给部族中某些人以改邪归正的出路。于是，商汤美名大震，很快得到了百姓的拥护。商汤又发表宣言，挥师伐夏，并于鸣条之野，大败夏桀。夏桀本人也在溃逃中死于南巢。

不久，商汤在伊尹的辅佐下，建立了商朝，定都于亳。伊君又帮助商汤制订了各种典章制度，规定官吏要勤恳工作，做出成绩，否则就要受罚，甚至罚作奴隶。因此，商朝初期，官吏都遵纪守法、兢兢业业，出现了社会安定、经济繁荣的局面。商汤死后，因其长子太丁早死，伊尹就辅太丁之弟外丙继位。外丙死后，传位给中壬，伊尹又辅中壬继位。中壬死后又把王位传给太丁的儿子太甲，伊尹又辅佐太甲。可惜，太甲开始不遵祖训、吊儿郎当，满朝文武为此急得团团转。伊尹在此关键时刻，毅然将太甲送到桐宫软禁起来，让他悔过自新。同时，自己代他掌管天下。三年后，太甲果然痛改前非，重新做人。伊尹欣喜异常，亲自迎他回宫，并交还政权。后来，太甲成了勤政爱民的一代贤君，而伊尹“放太甲于桐”的故事，也为人们称颂不已。

统御的神来之笔固然不会常有，但在使用关键位置上的关键人才时，有一两次也就足够了。有谁能否认商汤之用伊尹这一神来之笔对他的帝王基业的巨大意义呢？

以统御的小手段解决体制的大问题

统御人才的技巧很大程度上就是巩固权力的技巧。康熙亲政后，看到议政会议抑制皇权，王公贵族的种种特权威胁政治的稳定等状况，从统御人才入手，通过人员的调整，在不动声色中达到削弱特权、改变旧俗的重大政治目的。

对于一些体制上的重大痼疾，如果以疾风暴雨的方式，问题非但得不到解决，还可能引起动荡。康熙的策略是从一个个的人入手，由局部的人员调整逐步达到改革体制的目的。

清代的八旗制度是在封建农奴制社会条件下产生的，八旗内部很自然地保留有原来的农奴制生产关系，尤其是八旗奴仆与其主人、一般旗人与旗主之间存在着严格的隶属关系。到康熙时期，清兵入关已 20 年，满族社会政治经济已发生很大变化，八旗制已逐渐显露出它的落后性，并与封建君主专制体制发生矛盾，因此需要不断地调整和改革。而改革的重点，则在于削弱八旗贵族原来过大的特权，使八旗各级组织及广大旗人都效忠于皇帝，为提高和巩固皇权服务。

首先是严禁诸王府恃强垄断贸易。由于诸王府属下商人及旗下官员家人往往“妄称显要名色”，霸占河路、船只、关津等，从而把持贸易，骚扰地方，康熙于五年正月规定：以后如有此等奸棍，仍然指称王、贝勒、辅政大臣及内外大臣名色，招摇肆行者，地方官务必严察拿获送部，从重治罪。如地方官仍瞻顾徇情，不加缉捕，或别经发现，或旁人出首揭发泄露，将其贸易经过地方不行缉捕官员以重治罪。康熙十八年八月（公元1679），鉴于前令收效甚微，康熙又明确规定：凡有此类事件发生，将原犯就地立斩示众，该管官员革职，如果系宗室公以上、王以下家人，则分别罚银七百至一万两，仍交宗人府从重议处，该管家务官俱革职；讯地文武官员不行查拿者也一律革职。

其次，严禁诸王及旗下大臣勒索本旗所属外任官员及干预地方事务。康熙七年（公元1668）三月，鉴于在京八旗大臣往往派人往各省旗下官员衙门，借名问候，多索财物；又挟持请托，颠倒是非，扰乱地方政务的情况，特规定：以后地方文武各官遇有此等奸棍，应该立即捉拿奏闻，将主使之人究出从重治罪。十九年十月，康熙还专门令吏、兵、刑三部与都察院会议讨论，制定了《旗下人出境干求处分则例》，规定：旗人私往外省地方，借端挟诈，嘱托行私，侵扰百姓等情弊，系平民，枷号三月，鞭一百；系在官之人，革职，鞭一百，不准折赎。失察佐领罚俸三个月，骁骑校罚俸六个月。差遣家仆之人如无官职鞭一百，有官职革职，差去之仆枷号一月，鞭一百。

第三，议处犯罪诸王，削爵撤佐领。康熙在平定“三藩”过程中，先后派出八名亲王、郡王、贝勒担任大将军，对协调前线指挥应该说有其积极意义。但康熙认为，其中只有个别人尽力王事，绝大多数表现不好，有的“观望逗留，不思振旅遄进”，“坐失事机”；有的“干预公事，挟制有司，贪冒货贿，占据利薮”；更有“多方渔色，购女邻疆，顾恋私家，信使络绎”；“尤可异者，新定地方，急需安辑，乃于所在攘夺焚掠，种种妄行，殊乖法纪”。因而在战争结束后，他令议政王大臣等举太祖、太宗时军法，严行议罪。结果，宁南靖寇大将军顺承郡王勒尔锦、扬威大将军简亲王喇布、定西大将军贝勒董鄂、安远靖寇大将军贝勒察尼及贝勒尚善等五人被削去爵位，奉命大将军康亲王杰书被罚俸一年，只有安亲王岳乐、信郡王鄂扎立功受奖。

康熙所指诸王、贝勒罪行应该说确有实事，给予处罚也是应该的。但明显过重，八人中只有二人受奖，而有六人受罚，明显有借机削夺其势力的倾向。如第一个派出的勒尔锦，错误只在十九年奉命攻取重庆而中途折返，严重违命，应予适当处分。但康熙一直指责他于十三年春刚到荆州时，没有乘敌守备未固时进据湖南常德等地。实际上，当时敌军气势正盛，锐不可当，清军军心未稳，据险而守乃是上策。况且当时吴军已占有湖南、四川，湖北谷城守将杨来嘉也叛附吴三桂，荆州处于三面受敌之险境。在此情况下，勒尔锦如贸然过江，不仅攻取常德等无必胜把握，且有丧失战略要地荆州的危险，而荆州失守，后果将不堪设想。这一点康熙不可能不明白，就连议政王大臣等讨论勒尔锦的处分时，也以事已既往，核其功罪，请求从宽处理，结果遭到康熙的批评，他自己最后决定：勒尔锦削去郡王爵位，并议政、宗人府之职，仍令拘禁。这种处分着实太重。

第四，更定宗室王公袭爵方法。康熙二十七年（公元 1688）二月初，康熙认为，亲王以下、奉恩将军以上之子年至十五，不问贤否概予封爵，以致视为故常，不知感激皇上的恩惠，对后辈的成长也无益处，因而令议政王贝勒大臣会同亲王以下奉恩将军以上人员讨论具体改革办法。不久，宗人府提出：“应将旧制停止，制订新例：‘亲王以下、奉恩将军以上之子待年二十岁，选择文艺、骑射技艺俱优者列名引见，请旨授封；唯亲王以下、奉恩将军以上人员去世，准一子袭爵，不拘年岁。'”康熙同意，并补充：“如有人才超卓者，不拘年岁，特予封授。”这样，宗室王公原有袭爵特权被取消，能否袭封，概由皇帝视其条件而定。

第五，改变都统、副都统补授办法。原来各旗都统、副都统缺员由各管旗王公在本旗内推举补授，因而管旗王公对旗务有很大的垄断权。为此康熙于三十六年（公元 1697）七月规定：都统等职改由奉翼内打破旗务补授。他指出：“都统、副都统，典兵重任，如果只由本旗选授，则下五旗即有本旗之王掣肋，办事不得其正者甚多。”

康熙抑制诸王政治、经济特权，并借机予以惩治，目的就在于削弱他们在国家政治生活中的地位和影响。因为被削爵的同时，他们议政和宗人府的职务也被取消，甚至他们所属佐领也全部或部分被撤销，自然也就失去了参政的条件。尽管他们被削夺的爵位也大多由其子侄承袭，但他们年龄幼小者居多，并且都没有什么军功，在一向崇尚武功的满族社会很难得到属下的信服和尊重，也很难崭露头角，因而他们的地位和影响已远远不能与其父辈相比，也没有资格条件对国家政事进行干预。正是出于同样的原因，年龄较大且著有军功的安亲王岳乐，也在二十四年（公元 1685）五月因隐瞒一外番蒙古喇嘛被康熙革去议政及掌管宗人府事务的职务，并被罚俸三年。

康熙贬抑诸王的一个直接结果是，议政王大臣会议的地位和影响明显下降。议政王大臣会议是清入关前在原始民主制的基础上形成的一种政治体制，它由各旗管旗王公组成，对国家军政大事有重要的决定权，因而对封建专制皇权的发展是个障碍。康熙十一年（公元 1672）议政宗室诸王有和硕康亲王杰书、和硕庄亲王博果铎、和硕安亲王岳乐、多罗惠郡王博翁果诺、掌宗人府多罗顺承郡王勒尔锦、多罗温郡王孟峨、宗人府左宗正多罗贝勒察尼、多罗贝勒董鄂、多罗贝勒尚善等人。同年十二月，博果铎、博翁果诺、孟峨三人辞去议政，但次年平叛战争开始后，博果铎又回到议政任，因而当时至少有七位王、贝勒。平叛结束后，博果铎被罢去议政，加上领兵诸王、贝勒先后被罢议政等，至二十四年，原有议政宗室王只剩杰书一人，到康熙三十六年（公元1697）杰书病死，这一机构已无议政王，其地位和影响自然无法与先前相比。由于原有联旗会议的残余体制被清除，这一机构实际成了直属皇帝的一种普通议政机构。

为提高皇权，康熙除借机惩办违法王公，削弱其势力之外，还采取了扶植兄弟和皇子的政策。不仅封以显爵，分给佐领，还令其参与议政、领兵出征、管理旗务等。如皇兄福全被封为裕亲王，皇弟常宁为恭亲王，并分给佐领，参与议政，康熙二十九年（公元1690）噶尔丹进犯乌兰布通，康熙即废弃军功勋旧诸王领兵出征的惯例，派福全为抚远大将军、恭亲王常宁为安远大将军，分率两路大军迎战。康熙三十五年，康熙亲征噶尔丹，所统中路八旗中有四旗由皇子统领。此外，皇长子允提与索额图还统领八旗前锋、汉军火器营、四旗察哈尔及绿旗军担任先头部队。这进一步改变了由开国诸王子孙掌握用兵大权的传统。

康熙五十七年（公元1718）十月，康熙又以各旗都统、副都统“专意徇庇”、旷废公务为由，指定皇七子淳郡王允祐办理正蓝旗满洲、蒙古、汉军三旗旗务，皇十子敦郡王允构办理正黄旗满洲、蒙古、汉军三旗旗务，皇十二子贝子允祢办理镶黄旗满洲、蒙古、汉军三旗旗务，以促使“别旗各相效法，自必发奋勤事”。由皇帝派皇子办理旗务，就打破了由本旗王、贝勒整理旗务的惯例，极大地削弱了本旗王、贝勒的权力，使八旗进一步直属于皇帝统辖，并实行了一系列削弱特权的措施，促进了发展，巩固了统一。

事实证明，康熙的做法极其高明，既稳妥又有效，在平安无事中实现了重大的机制转换。统御高手的手段由此可见一斑。

第七章

平衡：以牵制的方法统御部下

所谓统御，也就是运用各种管理手段，尽量保持这个集体的和谐，并使之以积极的精神向正确的方向迈进。所以这里绝不能把统御简单化，它是一个复杂的系统工程。统御者固然要善于发现矛盾，同时应站在统筹的高度，以平衡、牵制的技巧利用矛盾，达到统御部下的目的。

平衡互补，合理搭配

手下人，尤其能人多了，就容易产生矛盾。既然是矛盾就可能影响工作和事业。对此统御者既要有正确的态度，又要有合理的处理办法。硬去化解可能于事无补，最多表面上有所收敛；不闻不问甚至忽略矛盾的存在则可能导致重大失误。

东汉建安二十年（公元 215）三月，魏王曹操率大军西征汉中，攻伐张鲁政权。当时东南孙权势力正盛，魏军西移，中部稍弱，极有可能遭到孙权背后袭击。魏与东吴交界最直接的关津重镇是合肥，留下谁镇守合肥至关重要。合肥孤悬无援，专任勇将则必然好战生事，导致危患；若专任怯战避阵之人，则必然导致众心畏惧，涣散失守。敌众我寡，对方必然轻敌贪堕，若命猛将给予致命攻击，势必取胜；胜则必要有稳重善守者坚守，才是上策。曹操想起了张辽、乐进、李典三人组成的“黄金搭配”。

张辽、李典在当时是魏军中著名的勇将，骁勇无敌，身经百战，而乐进则身材短小，富于胆略，曾跟随曹操攻打吕布、袁绍，曹操深知他刁钻多谋，稳重可信。早在建安十一年（公元 206），曹操就上表给汉献帝，称扬乐进与张辽、于禁，说他们“武力弘盛，计略周备，忠诚守节，每次交战，都亲自督率，奋突强敌，无坚不摧，手秉战鼓，身先士卒。派他们率将别征，都抚众结人，举令无犯，临敌制决，少有差失。论功纪用，应当各显功名”。于是于禁被封为虎威将军，乐进被封为折冲将军，张辽被封为荡寇将军。

现在曹操临西征前命张辽、乐进、李典共统领七千余人屯驻合肥，但是张、乐、李三人平素就关系不好，于是曹操给护军薛悌留下函札一封，在函旁署签说：“敌人来攻城时才可开启。”不久孙权率十万大兵包围了合肥，于是魏军守将们共同打开曹操的书函，上面写着：“如孙权来攻，张、李二位将军出战，乐将军守城，护军（薛悌）不要参与作战。”诸位将军都很疑惑，张辽说：“主公远征在外，等待他的援兵到来，孙权一定早攻破了我们。所以他指教我们趁敌人未立足时出击，冲击敌人的强盛气势，以稳定兵众之心，然后才可以守城。成败之机，在此一举，诸位还疑惑什么？”张辽担心与他不和睦的李典不肯出战，李典慨然说：“这是国家大事，只不过看你怎么对待了，我难道会因为私人之憾而忘了天下大义吗？”于是率众与张辽一起出战。

于是张辽趁天黑招募了八百多位敢死之士，杀牛招待将士，准备第二天大战。天刚亮，张辽披甲执戟，先冲入敌阵，杀死数十个敌兵，斩杀对方两员将领，大呼自己的姓名，冲破敌方重围，直奔孙权的旗帜之下。孙权大惊，周围的人不知所措，退避到高坡之上用长矛自卫。张辽叱喊孙权下来交战，孙权不敢动一步，望见张辽所带的人马很少，又把张辽围了几圈。张辽左冲右突，向前直冲，很快冲破包围圈，才使张辽旗下的几十个人得以突围，其余仍被包围的人喊：“将军扔下我们不管了吗？”张辽又冲入重围，把他们解救出来。孙权的人马都望风而倒，无人敢抵挡。从早晨战到中午，吴军气势被抑制，回寨加强了守备，大家才心安，诸路将领都对张辽折服。

孙权包围合肥十余日，攻不下城池，于是引兵而退。张辽率兵追击，几乎又擒获孙权。曹操得报后，极为佩服张辽等人的壮勇，拜张辽为征东将军。曹操、曹丕父子对合肥之战都评价极高，曹丕在黄初六年（公元 225）追念张、李等人功绩时说："合肥之役张辽、李典以步兵八百人破敌十万，自古用兵从未有过。使敌人至今夺气丧志，可称得上国家的栋梁啊。"

历来兵家都钦服曹操统御有术，选将时掺杂异同，平衡互补，并留下密计以节制遥控战场，事情发展与其预计，如同符契般相合，可谓神妙。

让下属的职责互相牵制

权力没有监督和制衡就会泛滥，所以不同部门、不同位置之间的监督和制衡可以让下属自相约束。毕竟，以统御者的一双眼睛、一个人的精力不可能包办一切。而且监督、制衡机制的完善，也是人类自我管理制度的一大进步。

在中国古代，帝王对于权臣，除用分、隔手段削弱其权势外，还扶植新的权力中心，以削减、抵削原有权力的中心。这是“以臣驭臣”的管理办法。

封建时代，宰相是帝王的副手，“相”字本身含义即有帮助、辅佐之意。君相合力，共治天下，宰相处于“一人之下，万人之上”的高位，为帝王处理大量政务，君、相之间难免龃龉。善相处者，从大局出发，相互让步；不善处者，君、相驭事，不免酿成冲突。贤明宰相要约制残暴、昏庸之君；英武君主，容不得能力太强的相臣，加之历代相臣篡位者时有发生，帝王总是设法削弱宰相权力，王权与相权之间斗争几乎贯穿全部封建政治史。用牵制手段，以抑损相权，是帝王与宰相斗争的主要武器。

秦汉时期，丞相权力很大，用一语概括：丞相辅佐天子，助理万机，上至天时，下至人事，几无所不包，无所不管；丞相不但为国家最高官吏，还是辅佐皇帝补其缺失唯一人臣。秦汉时期，君主高高在上，君主若有差失，只有丞相能够谏阻，良相应当以此为已任。丞相对皇帝诏令如有不同意见，可以面折廷诤，甚至拒绝执行。对此，皇帝很不放心。因此自西汉武帝以后，首先用尚书一职以分丞相拆读奏章的权力，继而提高太尉、御史大夫的地位，使之与丞相平级，并将此三职先后更名为大司徒（丞相）、大司马（太尉）与大司空号称“三公”，从而改变丞相无所不统的局面，将一相变成三相。至东汉，原先由丞相执掌的政务，全归属尚书台，三公徒拥虚名。

三国宰相，有公官及省官。公官又有上公、三公、从公三类；太傅、太保、大将军，西汉已为上公，三国设置，难有更革，唯大体不改。至于相国或丞相及大司马为上公，则自三国首创，这点与汉所不同。三国宰相除公官外，还有省官。

南北朝的开头阶段，宰执虽有省官，为数甚少，见于史者，尚有尚书令一种，且只有蜀国有之。曹魏设有尚书台，但其权为中书监所攫夺，中书监是皇帝亲近机构，负责草拟诏书，平议尚书奏事，参与政事，权力较大，拟于宰辅，由此宰相之权落于尚书台，尚书台权力又落于中书监之手。以此宰相权柄一再受制而逐渐减替。晋、南北朝以三省长官为宰相者，除尚书令，仍有中书监、中书令、侍中及尚书仆射等，共同参与平议尚书奏事，此类官员负责管理皇帝门庭之下诸事，故又设立门下省。至隋代，另立殿内省，包揽管理皇帝内务职掌，门下省成为一个参予政事的封驳机关，尚书台权力又一次受到制约。

唐代，承上启下，在前朝官制基础上，正式设立“三省制”。即由中书省掌制令决策，起草诏令；门下省掌封驳审议，对中书省所制定诏令如有不同意见，有权批改复奏，然后下达尚书省；尚书省负责执行，其下分设六部（吏、礼、户、兵、刑、工）分管各部政务。三省长官都可参予国计，均为事实上的宰相。同时，皇帝还可以让级别较低的官员，带上“同中书门下三品”、“同中书门下平章事”、“参知政事”头衔，参与三省长官联合办公，这些官员亦可视为宰相。这样，秦汉时一个丞相所承担的政务，已由三个机关与十数名官员分别担任，以期达到相互制约的目的。

到了明代，太祖朱元璋采取一切措施，既加强了中央集权，又使臣属不敢越轨。朱元璋，这位权力欲极强的雄才之主，由于两大事刺激便加速了他对地方权力集中于中央的步伐。

第一件大事就是作为地方割据政权出身的朱元璋对地方势力潜在危险的深察。洪武初年，地方政权基本沿袭元朝的制度，即设行中书省，统管一省的军政、民政、财政等大权，地位重要，权力很大，一行中书省实际上就是一个独立王国。朱元璋本人做小明王的行中书省丞相。作为行中书省的丞相，他拥有一方政权，压根儿就没把小明王放在眼里。故而他对行中书省设置的弊端有透彻的体察。

第二件大事就是随着明朝统治的渐趋稳定，君权与相权、皇权与臣权，中央集权与地方权发生了一系列纠葛与矛盾。特别是洪武六年（公元 1473）胡惟庸进升中书省丞相后，相权与皇权矛盾激化。洪武九年（公元 1376）朱元璋改行中书省为布政使司，地方的控制指挥权都集中到中书省。胡惟庸控制中书省，专权用事，淮籍的军事宿将大多集其门下，形成一个淮人官僚集团，使朱元璋感到芒刺在身、大权旁落。于是，洪武十三年（公元 1380），朱元璋以胡惟庸谋反为名，毫不留情地将其抄家灭族。

接着，朱元璋采取了一系列削弱地方政权、巩固皇权的措施：宣布政使司后，即设左右布政使各一人，掌管民政财政。同时，设提刑按察司，设按察使一人，统管刑法；设都指挥使司，掌管军事，与布、按并称三司。这三司互不相属，各自直隶中央。有重大政事，需都、布、按三司共同会议，上报中央。布政司下的地方政权是府（直隶州）、县。同时，在省与府之间划分若干道，作为省的派出机构。道不是一级地方特权，而是监察区。这种行政划分削弱了地方权力，加强了中央集权。

其次，废中书省和丞相制。朱元璋加强中央集权并不是要加强中央政府部门的集体权力，而是要加强皇帝个人的权力。于是，洪武十三年正月，朱元璋在制造胡惟庸案的同时，罢中书省，废丞相。朱元璋于此对他的文武百官有一番精妙的讲演："朕从登基立业以来，已十三年了，期间委任大臣，希望他们辅佐朕，使天下大统。所以设立中书省以总天下之文治……不料权臣窃持国柄，枉法诬贤，有不轨之心，大肆搞欺蔽活动，到处拉帮结伙，搞不法之事，毒害政治，谋危社稷。仿佛堤防之将决，烈火之将燃，有滔天燎原之势。……朕想除去中书省，将六部职责晋升。这样权力就不会被其机构垄断，事情也不会被截留塞蔽，尔等以为如何？"文武百官只能对曰："既出圣裁，实为典要。"朱元璋不管如何不如何，立即三下五除二地将中书省和丞相废却，提高中书省下属吏、户、礼、兵、刑、工六部的地位，使六部分理朝政，各部尚书直接对皇帝负责，奉行皇帝旨意。六部分任而无总揽之权，政务由皇帝亲自裁决。朱元璋实际上使皇权、相权集于一身，国务、政务掌于一手，中央、地方事务聚于一体。

第三，制订法律，加强对中央与地方官吏的任用、监察，使其置于皇权的严密监控之下。朱元璋"劳心焦思，虑患防微近20载"，经过他反复修改"凡革眷稿"，制定出《大明律》。《大明律》有 30 卷、4 印条，其中对于地方机构的权限作了严格规定。它用法律条文的形式将皇帝任用各级官员的权力固定下来，除了明律，朱元璋还制定了一系列其他的旨在加强中央集权的法律。如为了加强对府州县官的管理，洪武十七年（公元 1384），朱元璋制定《府州县条例》八事，强调各级地方官都要加强行政管理，逐级监督。同时还刊布了县官《到任须知》31 条，明确县官的职责。这都有利于压抑地方势力的萌生。

朱元璋通过一系列政治变革，把一切军政大权控制于手，但他还是不放心，总感到别人觊觎朱家皇位。于是，为了朱家王朝能代代相传，他分封诸子为王，历史上称为封藩制。朱元璋有一套冠冕堂皇的说辞："天下之大，必建藩屏，上卫国家，下安生民。今诸子既长，宜各有爵封，分镇诸国，朕非私其亲，乃尊古先哲王之制，为久治长安之计"（《明太祖实录》卷 51）。在由王伟撰写的《拟封诸王诏》中说："考诸古昔，帝王既有天子，五居嫡长者必正位储贰……于戏？众建藩辅，所以广磐石之安。大封土疆，所以眷亲支之厚。古今能谊，朕何敢私。"

明代仁宗以后，内阁大臣权力渐重，品级亦有提高，皇帝用内廷司礼监代替自己处理政务，使之凌驾于内阁之上，以制约阁臣。清代对军机处权力，亦有种种限制。军机处官印收藏于"大内"，凡有须用印信时，必须奏事太监处"请印"，用毕即行归还；皇帝处理政事，除通过军机处外，还由皇帝与亲信密折往还，如有必要，皇帝可避开军机处，直接召见大臣，"面为商酌，各交该衙门办理，不待军机大臣指示。"

臣下互相牵制，帝王不必事必躬亲，也不必过于担心臣下营私背叛，只需扯着这根让大家互相牵制的绳子，时而轻轻拉上一拉也就万事大吉。

让违规的下属自相治理

统御者不见得什么事都亲自插手，尤其古代的帝王，常有被不轨的臣子架空的时候。此时盲动易招败亡，不动则只能受制于人。但若以平衡术让违规的下属自相治理，可产生四两拨千斤的效果。

唐代安史之乱爆发，唐玄宗在西逃过程中，太子李亨在群臣拥护下，于灵武即皇帝位，这就是唐肃宗。在艰难之际，肃宗之子李倜、李琰立有大功，其正妻张皇后及宦官李辅国因拥立有功而相表里，专权用事，谋杀李琰，拥立李倜为太子。

在争权过程中，张皇后与李辅国发生冲突。公元762年，肃宗病重时，张皇后召太子李倜入宫，对他说："李辅国久典禁兵，制敕皆以之出，擅逼圣皇（唐玄宗），其罪甚大，所忌者吾与太子。今主上弥留，辅国与程元振阴谋作乱，不可不诛。"太子不同意，张皇后只好找太子之弟李系谋诛李辅国。此事被另一个重要宦官程元振得知，密告李辅国，而共同勒兵收捕李系，囚禁张皇后，惊死肃宗，而拥立太子即皇帝位，是为唐代宗。

李辅国拥立代宗，志骄意满，对代宗说："大家（唐人称天子）但居禁中，外事听老奴处分。"听到这种骄人的口气，代宗心中不平，因其手握兵权，也不敢发作，只好尊他为“尚父”，事无大小皆先咨之，群臣出入皆先诣。李辅国自恃功高权大，也泰然处之，孰知代宗除他之心已萌。

在拥立代宗时，程元振与李辅国合谋，事成之后，程元振所得不如李辅国多，未免有些怨气，这些被代宗看在眼里，也记在心上。于是他决定利用程元振，乘间罢免李辅国的判元帅行军司马之职，以程元振代之。李辅国失去军权，开始有些害怕，便以功高相邀，上表逊位。不想代宗就势罢免他所兼的中书令一职，赏他博陆王一爵，连政务也给他夺去。此时，李辅国才知大势已去，悲愤哽咽地对代宗说：“老奴事郎君不了，请归地下事先帝！”代宗好言慰勉他回宅第，不久，指使刺客将他杀死。

代宗用间其首领的方法，很快地除掉李辅国，但又使程元振执掌禁军。程元振官至骠骑大将军、右监门卫大将军、内侍监、豳国公，其威权不比李辅国差，专横反而超过李辅国。程元振不但刻意陷害有功的大臣将领，而且隐瞒吐蕃入侵的军情，致使代宗狼狈出逃至陕南商州。一时间，程元振成为“中外咸切齿而莫敢发言”的罪魁。因禁军在程元振手中，代宗一时也不敢对他下手。就在此时，另一个领兵宦官、观军容处置使鱼朝恩领兵到来，代宗有了所恃，便借太常博士柳伉弹劾程元振之时，将程元振削夺官爵，放归田里，算是除掉程元振的势力。

程元振除去，鱼朝恩又权宠无比，擅权专横亦不在程元振之下。如果朝廷有大事裁决，鱼朝恩没有预闻，他便发怒道：“天下事有不由我乎！”已使代宗感到难堪。鱼朝恩不觉，依然是每奏事，不管代宗愿意不愿意，总是胁迫代宗应允。有一次，鱼朝恩的年幼养子鱼令徽，因官小与人相争不胜，鱼朝恩便对代宗说：“子官卑，为侪辈所陵，乞赐紫衣（公卿服）。”还没得到代宗应允，鱼令徽已穿紫衣来拜谢。代宗此时苦笑道:“儿服紫，大宜称。”其心更难平静，除掉鱼朝恩之心生矣。借一宦官除一宦官，一个宦官比一个宦官更专横，这不得不使代宗另觅其势力。代宗深知，鱼朝恩的专横，已经招致天下怨怒，苦无良策对付。正在此时，身为宰相的元载，“乘间奏朝恩专恣不轨，请除之”。代宗便委托元载办理翦除鱼朝恩的事，又深感此计甚为危险，便叮嘱道:“善图之，勿反受祸！”

元载不是等闲之辈。他见鱼朝恩每次上朝都使射生将周皓率百人自卫，又派党羽皇甫温为陕州节度使握兵于外以为援，便用重贿与他们结纳，使他们成为自己的间谍，“故朝恩阴谋密语，上一一闻之，而朝恩不之觉也”。有了内奸，就要扫清鱼朝恩的心腹。元载把鱼朝恩的死党李抱玉调任为山南西道节度使，并割给该道五县之地；调皇甫温为凤翔节度使，邻近京师，以为外援；又割兴平、武功等四县给鱼朝恩所统的神策军，让他们移驻各地，不但分散神策军的兵力，还将其放在皇甫温的势力控制下。鱼朝恩不知是计，反而误认为是自己的心腹居驻要地，又扩充了地盘，也就未防备元载，依旧专横擅权，为所欲为，无所顾忌。

李抱玉调往山南西道，他原来所属的凤翔军士不满，竟大肆掠夺凤翔坊市，数日才平息这场兵乱。军队不听话，根源在于调动，鱼朝恩的死党看出不妙，便向鱼朝恩进言请示，鱼朝恩这才感觉有些不好，意欲防备。可是，当他每次去见代宗时，代宗依然恩礼益隆，与前无异，便逐渐消除了戒备之心。

一切准备就绪，在公元770年的寒食节，代宗在宫禁举行酒宴，元载守候在中书省，准备行动。宴会完毕，代宗留鱼朝恩议事，开始责备鱼朝恩有异心，图谋不轨，谩上悖礼，有失君臣之体。鱼朝恩自恃有周皓所率百人护卫，强言自辩，“语颇悖慢”，却不想被周皓等人擒而杀之。禁宫中的事，外面不知。代宗乃下诏，罢免鱼朝恩观军容等使，内侍监如故；又说鱼朝恩受诏自缢，以尸还其家，赐钱六百万以葬。尔后，又加鱼朝恩死党的官职，安顿禁军之心，成功地翦除了鱼朝恩的势力。

从臣下言事的政策上搞平衡

在不同情况下，对臣下的谏言制定不同的政策，尤其对那些专门负责搞调查、提意见的“言官”的工作范围和方式提出不同要求，以此达到制衡执政大臣的目的，这就是康熙皇帝的平衡术。

康熙朝考察官吏的专门机构和专门队伍是六科（吏、户、礼、兵、刑、工为六科）给事中（言官、谏官）和各道（十五道，按省区划分的机构）的监察御史，简称科、道官。清代以前，御史曾属御史台，给事中曾属门下省，所以也简称台省或台谏。二者都是皇帝耳目之官，品级不算高，职权还很重，由皇帝亲自选拔。

康熙对言官的要求，一向是严格的，要他们必须尽职尽责，不许敷衍塞责。他说：“设立言官，原为国家大事，兵民疾苦，内外官员贪酷等项，应许陈奏。朕夙兴夜寐，一心图治，时刻惦记民生的艰难，加意抚续慰劳，使各安居乐业，才能造成久安长治的局面。近年以来，水旱灾害不断、盗贼横行，加上贪官污吏大肆地剥削，以致百姓财尽力穷，民不聊生。朕感到非常难过并同情。你们各部院大臣、科道官员，或任要职或有科察责任的人，应立即对拯救民生疾苦的事，确实有益的方面各抒己见，明白陈奏，以备采用。不准别生枝节，以无益的事，塞责陈报，辜负朕关心百姓、图治求言的愿望。”

“如果有合乎情理的、有利于政治的方面，虚心听取并采纳，无不立竿见影。其言无益于政治、不可行的事，你们即以不准行上报，免去烦琐事务。”

对大学士们说：“学士乃是内阁（总理府）参赞政事之立，如有所见应行启奏报告，近来并没有报告的。如果只是按本（文件）、送本，用一个笔帖式（文字翻译的下级人员）就够了，何必设立学士。此后各有所见，一定要陈述。即使微不足道的官员，也同样可以提意见。”

“以后发现参奏官有顾虑，参劾情况不实或道听途说或所参事件不和上意，故不轻易参弹。”据此，康熙三十六年（公元1697）二月乙酉日，上谕吏部、都察院（亦称御史台，系监察机关）：

“国家设立都御史及科道官员，以建白（提意见）为专责。为的是达下情去壅蔽，责任重大。如果言官真能奉法秉公，实心尽职，那么民间的疾苦，随时都能上达朝廷，官吏们有贪污盗窃者、违法乱纪者，都可以得到处理。故广开言路，为图治第一要务。近来，言官条奏参劾的文字，寥寥无几；虽然间有入告的人，而能深切时政，以事实证据而直接陈述的人非常少，这难道是委任言官的初意吗？自今以后，凡事关国计民生、吏治好坏，但有确见，即应指出陈报，至于上报的材料，是否可行？裁酌判定自在朝廷。虽然是言有不当，言官也不坐罪。自皇子诸王及内外大臣官员，有人贪虐不法并互相勾结，结党营私，理应纤举之事，务必大破情面，据实指出参奏，不得畏怯贵要，瞻徇容隐。即使朕有失误之处，也应该进言提意见，朕决不责备。其中有官报私仇的人，朕根据言论判断是非细情，自能洞悉。凡是言官，都要抛去私心杂念，大胆地上报情况，这才不辜负朕的一片真情厚望。令朝廷各部院衙，认真执行。”

这是一篇广开言路、图治要务的号召书，为励精图治，要大小官员必须讲话，使下情快速上达。

不久，康熙意味深长地说：“臣下们是好是坏、是善是恶，朕居深宫之中，为什么能够知道呢？因为我经常巡行各地，凡是所过地方，一定要访问老百姓，所以朕都知道。朕想开风闻言事的成例，科道官以风闻题参汇报，即商考察地方官们，贤者留之；不贤者去之，如此则贪污暴虐之官就可以收敛一些，用良之官就会更加尽职尽责，于民生吏治大有好处。嗣后各省督抚、将军、提镇以下，教官、典史、千把总以上官员，是好是坏，如有关系到民生方面，准许科道官以风闻入奏。倘有怀私怨，互相勾结，受人之托者，国法自在。命满汉言官知之。”

这又开一条广言路的渠道。所谓风闻言事，即是将未经证实的情况或传言，上报给皇帝，作为考察官吏的参考，便于监督地方的大贪大奸之徒。

为广开言路，康熙勤于政事，经常接见上自朝廷、下至地方的大小官员，下指示，征求意见，反映各方面情况，真正做到明日达聪的地步。晚年不无感慨地对大学士说：“往代之君，不接见群臣，臣下之意，无由上达，何以为政啊？”

开不开言路，开什么样的言路，也成为牵制臣下的有效方法，这在皇帝来说，也可算一个统御策略的发明了。

洞若观火，旁敲侧击

太平日久，下属没有生存压力，就开始钩心斗角、争权夺利，这个过程中必然有互相指责、互不服气的现象。对此放任不行，严查真究也未必得当。洞悉事实以后，择要处置是一个多方照顾的妙招。

雍正弥留时，遗诏庄亲王允禄、果亲王允礼和大学士鄂尔泰、张廷玉四人辅佐弘历。允禄于乾隆三年（公元 1738）病故。乾隆四年允礼作为弘皙集团的后台，罢削议政大臣等职，失去权威。唯有鄂尔泰、张廷玉作为百官领袖，并立于朝。

早在雍正年间，鄂尔泰、张廷玉就分别在构筑自己的政治营垒。

鄂尔泰，姓西林觉罗氏，字毅庵，满洲镶蓝旗人，生于康熙十九年（公元 1680），虽青年中举，终康熙之世仅任内务府员外郎小官。胤禛在藩邸时，曾有事求助鄂尔泰，遭拒绝。对于此事，胤禛非但不记仇，反而认识了鄂尔泰刚直性格，“以郎官之微而敢上拒皇子”，登基后遂委以重任。雍正元年（公元 1723），鄂尔泰超擢江苏布政使，从雍正三年至十年，又历任广西巡抚、云南巡抚、云贵总督、云贵广西总督等封疆大员。雍正十年（公元 1732），授保和殿大学士，入阁办事，位居首席军机大臣。鄂尔泰还是“改土归流”政策倡导者和执行者，“节制滇南七载，一时智勇之士多出幕下”，加上执掌内阁，士林蚁趋，逐渐形成以满洲官僚为中坚，包括一部分汉族官僚在内的政治集团，主要成员有庄亲王允禄、公哈达哈、军机大臣海望、湖广总督迈柱、河道总督高斌、工部尚书史贻直、巡抚鄂昌、总督张广泗、御史仲水檀、陕西学政胡中藻等。

张廷玉，字衡臣，安徽桐城人，大学士张英次子，康熙三十九年（公元1700）进士，康熙四十三年（公元1704）奉旨值南书房。雍正即位，擢礼部尚书，不久兼翰林院掌院学士并调任户部。雍正四年（公元1726），授文渊阁大学士，五年进文华殿大学士，六年进保和殿大学士。雍正八年，清朝因西北用兵，设立军机处。张廷玉制定了军机处规章，对创立和健全军机制度起了重要作用。他为人谨慎，所草上谕，全合雍正心意，因而备受赏识和宠信。雍正元年（公元1723），皇帝赋诗赐张廷玉，曰：

“峻望三台近，崇班八座尊。
栋梁才不忝，蔡霍志常存。
大政资经划，訏谟待讨论。
还期作霖雨，为国沛殊恩。”

雍正九年（公元1731），又御书“赞猷硕辅”四字，命内廷制龙匾以赐。从诗和匾，可以看出雍正对张廷玉的倚重。有一次张廷玉偶疾，雍正对近侍说：“朕连日臂痛，汝等知之乎？……大学士张廷玉患病，非朕臂痛而何？”雍正八年六月，雍正颁谕鄂尔泰、张廷玉配享太庙。这是皇帝赐给大臣最高的荣誉和奖赏。乾隆即位后，同样也离不开这位娴于典章、工于文字的老臣。乾隆二年（公元1738），张与鄂尔泰同封三等伯。六年，张廷玉七十大寿，乾隆御书“调元锡祉”，撰对联“忠诚济美之台丽，弼亮廷庥百福申”，并赋诗一首赐给张廷玉。经过张英、张廷玉父子长期经营，至雍正时以张氏为核心的桐城官僚队伍在迅速发展。雍正十二年（公元1734），张廷玉自夸："近日桐人之受国恩登仕籍者，甲于天下"。至乾隆前期，仅张氏一门登仕者凡19人。张廷玉曾得意地写道："自先父端（张英）而下，三世入翰林者凡九人，同祖者二人，是廷玉一门受圣朝恩至深至厚"。与张氏世代联姻的姚氏，是桐城另一望族，"子姓蕃衍，仕宦众多"，与张廷玉同时为官的有姚孔钅长等10人。

雍正对鄂、张二氏势力膨胀，采取姑息甚至赞赏态度，雍正十二年，他说："大学士鄂尔泰、张廷玉实我朝之贤大臣。朕见伊两家后起人才蔚然可观，是以屡加擢用，有甫经数年，而即至大贵者……彼夫识见卑鄙之人，未必不私心窃疑，而谓朕之昵其所好。……然朕之乐于用伊两家子弟者，亦自有朕之意在。一以两家之先人培植深远，方获生此贤哲为国家之股肱心膂……一以两家子弟素闻家教，与众不同，必不至负国恩而忘家训；一以两大学士如此忠诚，虽天下之人尚思教育成就之，所以训勉于一门之内者，必更加肫笃，可以代朕之提撕训导，令其有成。为此三者，择人而用，随才器使。"

这段话讲得很明白，雍正有意扶植鄂、张两家族，既可从中选取一批温顺奴才，亦可以此树立忠君榜样，"提撕训导"更多满汉地主。

在雍正扶植下，至乾隆初年，随着鄂、张两大政治集团势力膨胀，他们之间明争暗斗的对立局面已趋严重。清人昭梿说："上之初年，鄂、张二相国秉政，嗜好不齐，门下互相推举，渐至分朋引类，阴为角斗。"

对于这两大政治集团，乾隆洞若观火，他深知：鄂、张两党的长期对立，互相攻讦，势必会引发严重的冲突。面对这棘手的问题，乾隆采取了"以诋制派，抓住时机"的才智。

在乾隆看来，"鄂尔泰固好虚誉而近于骄者，张廷玉则擅自谨而近于儒者”，所以，乾隆首先对鄂尔泰的党羽进行惩治。

早在乾隆六年（公元1728），号称敢言的鄂党御史仲永檀，参劾步军统领鄂善接受了京城市井富豪俞氏的万两贿银。鄂善是雍正时的老臣，为满族人，但他并不是张廷玉的党羽，只是在富豪俞氏丧葬时，出钱礼请九卿吊奠，其中有很多人是张党大臣。这件事在京城内闹得沸沸扬扬，“且闻吊丧不止九卿，大学士亦然。张廷玉差人送帖，徐本、赵国麟俱亲往，大学士等又于皇上申饬九卿特追毁原帖”，且有礼部侍郎吴家骐受谢仪银五百两，又吞分送九卿炭敬两千两。詹事陈浩在场陪吊，奔走数日。这一丑闻的揭露，矛头直指张廷玉及其党羽。仲永檀还奏说：“向来密奏留中事件，外间旋即知之。此必有串通左右暗为宣泄者。是权要有耳目，朝廷将不复有耳目矣。”此中所说的“权要”，即指张廷玉，仲永檀说张廷玉为人谨慎阴柔，形迹不易被察觉。仲永檀的密奏劾其泄密。乾隆对此并不太相信，说：“至于权要串通左右一语，朕观此时并无可串通之左右，亦无能串通左右之权要。……若言官自谓风闻言事，纷纷渎陈，徒乱人意，于国事何益？”责令仲永檀实指其人其事。

于是仲永檀列举出御史吴士功弹劾尚书史贻直的密奏。吴士功是张廷玉的门生，而史贻直则与鄂尔泰交好。乾隆查出吴士功确有这样的密奏，而密奏的泄露责任就在张廷玉和吴士功。然而，乾隆想若是把此事追究到底，必将牵连众多人入狱，张廷玉这一派系也必将失势。因要使张、鄂两党互为平衡并互为牵制，所以，就不能立即将张党扳倒殆尽。基于这种考虑，乾隆只赐令确实受贿的鄂善自尽，吴家骐和陈浩革职，其余的事情则从宽开脱。对于吴士功泄密的事情则“且今姑不究，若伊等将来不知悔改，再有过犯，一并从重处分”。面对大学士等送帖吊奠事，乾隆大帝以“查询明白，全属子虚”，糊涂算了。对仲永檀，因其奏劾有功并且属实，擢任左佥都御史，不久又升为左副都御史。

乾隆只是出于大局才对张廷玉有所袒护。张廷玉身为汉人而久居高位，形成势力，屡次遭到鄂党抨击，全赖皇帝庇护而未致倾覆。张廷玉在其诗《风鸢诗》中：“九霄日近增荣彩，四野风多仗宝绳”，这句话颇形象地反映了自己的处境和心态。

不过话又说回来，乾隆大帝对张廷玉虽礼遇有加，但他对代表汉官势力的张廷玉并无好感，甚至颇为鄙视。乾隆大帝曾说：“张廷玉在皇考时仅以缮写谕旨为职，此娴地文墨者所优为。自朕御极十五年来，伊则不过屡进屡退，毫无建白，毫无赞襄。朕之姑容，不过因其历任有年，如鼎彝古器，陈设座右而已。”

乾隆七年（公元 1742），左副都御史仲永檀遵旨赴江南会同巡抚周学健办理赈务，仲永檀临行前，“以密奏留中事告大学士鄂尔泰子鄂容安”。即他将密奏留中之折泄露给詹事府詹事鄂容安，彼此串通，陷害异己。平日“往来亲密，于未奏以前，先行商谋，既奏以后，复行照会。……明系结党营私，纠参不睦之人”。

乾隆命将此事交与刑司严加审讯，结果证明仲永檀“依附师门，有所论劾，无不预先商酌，暗结党援，排挤异己”。参与审讯的大臣只按“泄露机密事务律论罪”，而乾隆大帝的目的则是追究他的结党营私。这时，张党趁机落井下石，要求重新刑讯，并将鄂尔泰一同革职拿问。

此事如果闹将下去，鄂党也会彻底崩解，于是乾隆对此事也同样息事宁人，从宽发落。最终，仲永檀病死狱中，鄂容安因鄂尔泰年老有疾，仅让他退出南书房，不得干预外事，否则将重治其罪。乾隆因鄂尔泰“为受遗大臣，不好深究”，给他以降级处分，并训责他：“夫以仲永檀如此不端之人，而鄂尔泰于朕前屡奏其端正直率，则其党庇之处亦属显然，久在朕洞悉之中。……其不能择门生之贤否与奏荐不实，不能训伊子以谨饬而葛藤未断之处，朕亦不能为之屡宽也”。“倘仍前不检，鄂尔泰自思之，朕从前能用汝，今日能宽汝，将来独不能重治汝之罪乎？”可见，乾隆出言相当严厉。

由此可见，在处理鄂、张两党之争时，乾隆以诋制派的才智，既有效打击了他们的嚣张和气焰，又能让他们感觉到皇恩浩荡，势必为朝廷卖力尽心。既让他们的势力逐渐削弱，行为大为检点，又不至于穷追猛打，使他们丧尽殆绝，让朝廷无可用之臣。可谓掌握有度，策略得当。

经此一击，在之后数十年中，鄂尔泰之子鄂容安、鄂实相继在平定准噶尔的战事中阵亡，鄂之党羽多受罪被罚，鄂党势力也逐渐销声匿迹了。

乾隆二十年（公元1755），张廷玉去世，乾隆仍遵乃父诺言，将张廷玉配享太庙。这除了体现乾隆“纯孝”美德外，也体现了乾隆控制张氏集团的才智。

第八章

免错：

掌握要点少走统御的弯路

关于统御术的学问浩如大海，关于统御术的著述汗牛充栋，统御者不可能也没必要掌握所有的统御术，只需抓住几个关系统御成败的要点就行了。帝王更应善于删繁就简、举重若轻，秘诀就在于抓要点、抓关键。所谓以“要”为纲，纲举目张，统御不能不领会和借鉴其中的深意。

以专一无二的统御显其真

帝王统御人不朝三暮四，只要认准了的人才就一心一意地使用，偶有过失，也能从大处着眼从宽处置，使他们能尽用其才。

秦穆公统御人也能做到专心无二。他通过招贤纳士而使秦国振兴，并建立了霸业。当然，他也有自以为是，一意孤行，以致铸成大错的时候。秦军伐郑，遭晋军埋伏而全军覆灭便是一例。但是，当他在受到挫折之后，能够冷静自省，严于自责，宽以待人，不动摇地信用战败的人才，也是难能可贵的。他几次任用孟明视，最终打败晋军，便体现了他的远见与对人才的真诚和信任。

孟明视是秦国的将领，大夫百里奚之子。秦穆公三十三年（前627），晋文公病逝，秦穆公想趁晋国丧乱之机奔袭晋的盟国郑国。因为出兵须经晋国山区，实际上也是对晋国的不宣而战，因而穆公的这一主张遭到大夫百里奚和蹇叔的坚决反对和劝阻。但穆公不听劝阻，坚持己见，并委派孟明视为将，西乞术、白乙丙为副将，率师出征。次年四月，秦军返国途中经过晋国的淆（今河南三门峡东南），陷入晋军埋伏，秦军全军覆没。孟明视、西乞术、白乙丙均被晋军俘虏。晋襄公听说秦穆公要杀掉这三员败军之将，一方面为了羞辱秦国，同时为了借刀杀人，遂将孟明视等三人释放回国。晋执政先轸听说之后，对襄公说："患生矣！"他很清楚，孟明视归国之后，秦穆公不但不会杀他，反而会更重用他，这将是对晋国的最大威胁。

可以说，先轸是很有预见性的。当孟明视等人归秦的消息传到秦国，秦大夫及左右都对穆公说："是败也，孟明之罪也，必杀之。"如何对待丧师辱国之将呢？历史上不乏对失败者杀以惩罪的先例，更有不少君主将决策失误归罪他人的先例。面对一片杀声，穆公不为所动，他说："是孤之罪也。"表明这次战败是自己贪图近利、一意孤行的结果。当三将归来时，他亲自"素服郊迎"，并哭着说："孤以不用百里奚、蹇叔言以辱三子，三子何罪乎？"于是，仍旧重用孟明视，"复使为政"。

孟明视感念秦穆公之恩，急切地要报淆役之仇。第二年，孟明视再次率兵伐晋，与晋军战于彭衙（今陕西白水），结果又被晋军打得大败而归。

孟明视再次战败，秦穆公仍无责备，一如既往，"犹用孟明"。为了能够打败晋军，洗刷耻辱，孟明视总结了经验，他"增修国政，重施于民"。经过一番努力，秦军力量大大加强，而且斗志旺盛，这使晋国十分恐惧。看到孟明视败而不馁，秦穆公"益厚孟明等"，第三年，再"使将兵伐晋"。孟明视率大军东渡黄河之后，即令烧毁渡船，以示决不后退。这一仗，他亲自作先锋，长驱直入，连续攻克晋国几座城池。晋国不敢与秦军对垒，采取紧缩政策，退避不战。秦军直抵淆地，收取当年阵亡将士的尸骨埋葬，秦穆公穿上孝服，痛哭自责，孟明视及全体将士无不感动。

从此，秦国军威日盛，"遂霸西戎"。秦穆公之所以能够成为西戎的领袖，正是因为"用孟明也"。《左传》就此谈到了秦穆公统御人的特点：

"举人之周也，与人之壹也。"就是说他提拔人才考虑全面，任用人才专一无二。这个评价应该说是恰如其分的。

专一无二看似容易做到，实则需要统御者既要有识人的能力，又要有包容的气度，还要有完全的信任，而对属下能做到这三点者，除了秦穆公、康熙帝等，实在并不多见。

通过细节识别奸良

帝王注重细节并不是眉毛胡子一把抓，而是以小看大，从细节中发现大问题。那么通过哪些细节来看人、统御人呢？对此，中国古代一本有关人才的名著《反经》中给予了系统的总结。

有的人当官只是为了拿俸禄，对工作敷衍应付，不当回事，随大流，跟着走，见风使舵，八面滑溜，瞻前顾后，左顾右盼，就怕得罪人，就怕负责任，这种当官的，可名之曰“具臣”——滥竽充数而已。

只要是领导讲的，就说“讲得好，非常正确，非常重要”；只要是领导做的，就说“做得对，带了个好头”。嘴上这么说，肚子里却在暗暗揣摩主子的爱好，凡有所爱就投其所好，及时上贡，来满足主子的声色之乐，把主子巴结得浑身通泰。渐渐的，当领导的不把这类专事拍马屁的官员当外人了，互相包庇纵容，一起吃喝玩乐，不计后果，不考虑影响。这种官员就叫做“谀臣”。

内心阴险奸诈，外貌谦恭谨慎，能说会道，讨人喜欢，实际上嫉贤妒能，想提拔谁，就在上级领导面前尽说他的好话，隐瞒他的缺点；对真正的人才，就在上级面前夸大、突出他的过失，隐瞒他的优点，结果使上级赏罚不当，号令不行，政策、法规不能贯彻，这类官吏就是

“奸臣”。

有才智，有学识，干起坏事来更有能耐。掩饰他的过错道理讲的振振有词，叫人们听了不由得不信服；辩论起来足以形成一家学说，小则可以挑拨离间父子兄弟反目成仇，大则可以在中央政府煽风点火，制造混乱。这种官员就是“谗臣”。

篡夺权力，造成自己的势力，颠倒黑白，无限上纲，整倒别人，排斥异己，培植私人势力结成死党，形成自己的社会势力；假传圣旨，到处以全权代表的身份出现，使自己显得无比尊贵。这类官吏就是“贼臣”。

在人主面前阿谀奉承，鼓动、促使国君往邪路上走，背后又把错误都推到国君一个人身上；结党营私，互相包庇，欺上瞒下，不让领导人了解真实情况，使上上下下黑白不分，是非不辨；暗地里宣扬领导人的过失，使全国老百姓都骂国家领导人，闹得国际上都知道。这种官吏就是“亡国之臣”。

这是六种类型的反面官员——“邪臣”。

当官的既然有六种类型的“邪臣”——不正派的官员，那么有什么办法可以防止他们混入各级机关呢？这就要讲究防邪之道。

南北朝的桓范对此总结说：“有的官员在小事情上忠心耿耿，工作干得不错，但其险恶用心在于一旦手握大权，便实现他的大野心，达到大不忠的目的；有的在小事上很讲信用，但其目的是沽名钓誉，在大事上搞阴谋诡计，达到反叛的目的。对这类官员不是应该预防其欺诈吗？”

“有的官员表面上很有魄力，干劲冲天，实际上没有真胆识；而有的表面上非常仁义，却在实际行动上却与仁义相违背。这就要考虑，这些官员是不是在弄虚作假？”

“有的官员专搞打击同事、贬低同镣的小动作，以达到自己被信任、重用的目的，一旦委以重用，就使下情不能上达，上面的计划、政令也不能向下传达。对这类官员，当领导的就要考虑他是不是嫉妒心理在作怪呢？”

“有的官员发表似是而非的意见，虽然很中听，但是中了他的邪说就会乱了真理；或者发表貌似合情合理的意见，一旦实行，就会伤害真正的贤能之士。对于这类官员，当领导的就要考虑他是不是在进谗言？”

“有些官员手中有一定的权力，就用不公正的赏赐鼓励自己满意的部下，尽管这些人没有什么业绩；或者用奖赏的办法收买人心，预支恩德；或者用不公正的处罚对待自己不喜欢的属下，以此树立权威，尽管这些人有能力、有业绩。对出于私心擅自赏罚的负责人，当领导的就得想想他是不是奸佞之人？”

“有的官员居心不良，存心要陷害某人，就采用明场上抬举他，说好话，而暗地里却用阴谋诡计把他搞垮的手法；或者要谋略什么事情，总是冠冕堂皇地打着公事公办、一心为公的旗号，实际上暗中却塞进了私货，假公济私，但手段非常高明，做得不留痕迹。当领导的，就要警觉这类官员是不是欺世盗名、欺君罔上之辈？”

“有的官员专走上层路线，结交领导人左右的办事人员，从而找机会向执政者说项推荐，以达到进身的目的；或者借助领导人重用的、言听计从的人，巴结他们，依靠他们，以此巩固自己的权力和地位。当领导的就应当考虑，这类官员是不是有作伪的动机？”

“有的官员永远随声附和，八面玲珑，有时甚至违心地苟合别人，为的是不得罪任何人，一步步顺利地往上爬。对这类官员，当领导的就要考虑将来的祸患：关键时刻，利害关头，他是不是也会这样呢？”

“有的官员一门心思顺着上级领导的意志，专做上面喜欢搞的事，专说上面喜欢听的话，为的是求得上级的欢心，取得上级的信任，而这些事、这些话对老百姓、对社会是好是坏，他一概不去多想。这种官员，就得想想他是不是佞臣？”

统御者固然不宜抓住下属的一点细节就给他下定论，但无可否认的是，如果用心观察和分析，确实可以通过特定的细节判断一个人在某一方面的优势。更重要的是，通过细节看人和统御人，可以避免歪才、邪才窃取重要位置祸国殃民，从这一点上说，细节确实能够统御成败的，决定大事的成败。

切实明白自己要用什么样的人

帝王用一个人不能随意为之，将相之位，牵扯千万人的福祉和生命，帝王应首先明确地知道自己想要用的是什么样的人，不符合条件的就不能滥竽充数，符合条件的就以博大的胸怀容纳他。

唐玄宗诛杀太平公主后，取得了巩固皇权斗争的胜利，为根除积弊创造了良好的政治条件。当时的玄宗年轻奋发，很想改革弊政，拨乱反正，有一番作为。而要解决弊政，治理国家，首先在于统御人。唐玄宗就十分注意选拔、任用人才，表现出了卓越的识见。

开元元年（公元713）十月，唐玄宗起用姚崇为宰相。姚崇办事明敏，有应变之才，曾在武则天后期、睿宗朝两度为相，表现出卓越的政治才能。唐玄宗召见姚崇时，咨询天下事，姚崇对答如流，言无所隐，不知疲倦。唐玄宗说："卿应当做朕的宰相。"姚崇听了并不答谢，玄宗感到很奇怪。姚崇于是对玄宗说："臣愿就十件事告知陛下，如陛下估量不便采纳实行，臣请辞去。"玄宗说："姑且说给朕听听。"姚崇便陈述了10件大事：禁滥施淫刑，以仁义治天下；禁穷兵黩武，三十年内不虚求边功；严禁宦官干政乱政；不准皇亲国戚任台省之职，废除靠请托授官；废除租庸调正赋以外的苛捐杂税；禁止贵幸恃宠坏法，以示至公；禁止大造道观佛寺，以免耗资伤农，涂炭百姓；禁止前朝皇帝时玩弄大臣的弊风，对朝臣待之以礼；皇帝要虚心纳谏，求闻得失；吸取两汉外戚乱政、危及国家的教训，不蹈历史覆辙。这些建议简明扼要，直指当时流弊，是事关社稷安宁和国家治理的方略，唐玄宗听了连连点头，表示接受。自此以后，这 10 条建议就成为开元时期拨乱反正、励精图治的政治纲领。唐玄宗自用姚崇以后，每有政事，必访求之，姚崇都剖析解答得很清楚，大惬圣心。于是，唐玄宗将朝政大事专委姚崇办理，给他高度信任。姚崇逐渐清理弊政，他精简冗员，重新制定文武百官的考核、任免制度，“大革奸滥，十去其九”；清理寺院、淘汰僧尼，减少了资财的浪费，增加了劳动人口和财政收入；以农为本，派官员组织灭蝗抗灾，大大减轻了开元初年大面积蝗灾的灾害程度。由于他在开元初期拨乱反正中所发挥的重大作用，人们夸赞他为“救时宰相”。

开元四年（公元 716），唐玄宗又任用宋璟担任宰相。宋璟为人正直，坚守正道，敢于犯颜直谏，连唐玄宗也惧他几分。他执法公允，统御人量才重德；刚直不阿，致力于整饬朝纲，反对权幸专权误国；恢复谏官、史官参预宰相议事的制度，树立正气；反对玄宗夸威武、邀边功，维护社会稳定。正是宋璟的这些措施，保证了姚崇的政治纲领得到切实的实施。可以说，正是因为有姚崇、宋璟这两个贤相，玄宗能用这两个贤相，开元盛世才得以出现。北宋欧阳修评论说：“姚崇善于应变以成天下之务，宋璟善于守文以持天下之正。两人性格和为政风格不同，但其结果都是国家得到治理。”司马光也在论及唐代贤相时说：“前称房（玄龄）、杜（如晦），后称姚（崇）、宋（璟）。”对他们给予了很高的评价。

在开元年间，唐玄宗还任用了张嘉贞、张说、李元纮、杜暹、韩休、张九龄等人为宰相。这些人都各有所长，都能直言谏诤、补救缺政，如韩休与萧嵩同时担任宰相，忠直敢谏，见唐玄宗有过错即上书指陈得失。唐玄宗在一次照镜子时，闷闷不乐。左右的人说，韩休作宰相，陛下比以前瘦多了，为什么还要用他？唐玄宗说："朕虽然瘦了些，天下人却一定肥了。萧嵩来奏事，一味顺从朕的意旨，他退下去，朕总是不敢放心。韩休常常力争，他退下去，朕想天下百姓有这么一个贤相，便睡得很安稳。朕用韩休，是为国家，不是为朕一身。"

唐玄宗还特别重视郡县长吏的选择任用。他认为："郡县乃国之根本，牧宰者乃为政之先，朕每属意此官，有殊别职。"他规定对放委的州县主吏要由他亲自考试，了解其是否通晓为政之道。凡考试成绩优秀者，即被任用，而拙劣者则要罢免。在开元四年组织的县令考试中，有45人不合格，立即被淘汰，"放归学问"。玄宗还经常将地方官和中央官互换，以提高地方官员的素质，同时也有利于中央官员了解地方情况，刺史、县令是亲民之官，唐玄宗的改革措施，主要是靠他们贯彻执行。

唐玄宗正因为掌握了"先搞清楚自己要用什么样的人"这样一个要点，所以才形成了人才荟萃的局面。在"开元盛世"时期，名相辈出，"左右前后皆正人君子"，这正是帝王的统御智慧的无限法力。

不能以小过而苛求大才

人非圣贤，孰能无过？帝王若专以小过苛责大才，哪里还有可用之人？其实，往往优点越突出的人，缺点也同样突出，如果你想用他的优点，就必须能够容忍他的缺点。

战国时期曾有这样一个故事：卫侯征询臣下的意见，请他们推荐能够统兵御敌的将才。子思向卫侯推荐荀变，说这个人很有军事才干，可以担当重任。可是卫侯却摇着头说："我知道他是一个将才，但我听说他在向老百姓征收田税时，曾经随手拿过人家两个鸡蛋，像这种爱贪小便宜的人，怎么样能任他为将。"子思不同意卫侯的人才观，他对卫侯说："圣明的君主统御人才，就好从匠人使用木料，取其所长，弃其所短。合抱之木虽死，但匠人绝不会把这棵大树全部丢弃。现在正是诸侯争霸的时期，得人才者兴，失人才者亡。我国地小兵少，屡遭外侮，正当广集人才之时，怎么能因为两个鸡蛋的区区小事就丢弃一位大将呢？"卫侯觉得子思讲得很有道理，便立即采纳了他的意见，起用荀变为将。

"用人如器"可以说是中国古代最重要的人才理论。有一次鲁国季氏的家臣仲弓问孔子为政之道，孔子说："先有司，赦小过，举贤才。"意思是说，对于官吏要善于引导，赦免他们的小过失，选拔贤明的人才。

可见孔子也主张“赦小过”，并把这一点作为为政的一条原则。我国古代的学者和政治家大都懂得这个道理，提出过许多类似的论述：《大戴礼记·子张问入官》篇说：“水至清则无鱼，人至察则无徒。”为政者对于下级过于苛求，就不可能真正得到人才；西汉著名的学者刘向在《说苑·政理》中指出：“成大功者不小苛。”能成就大事业的人往往不苛求小过。东汉陈宠也说：“有大略者不问其短。”“有厚德者不非小疵。”曹操为了网罗人才，曾发布过一道《敕有司取士无废偏短令》，其中指出：“士有偏短，庸可废乎！有司明思此义，则士无遗滞，官无废业矣。”贞观十四年（公元640），魏徵上疏太宗说：“若任以大官，求其细过，刀笔之吏，顺旨成风，舞文弄法，曲成其罪。自陈也，则以为心不伏辜；不言也，则以为所犯皆实。进退维谷，莫能自明，则苟求免祸，矫伪成俗矣！”司马光也认为：“若指瑕掩善，则朝无可用之人。”清朝雍正皇帝也深得这一统御之道的真谛，他说：“赦小过，举贤才，为政之体当如是也。”“耳目，访求贤能，推举为官。”有一次，他发现身为宰相的封德彝很长时间没有推荐人才，就责备他，但是封德彝却辩解道：“我不是不留心，只是当今没有奇才。”唐太宗驳斥说：“前代明王，使人如器，皆取士于当时，不借才于异代。岂得待梦傅说、逢吕尚，然后为政乎？”还说：“人的品行才能不能兼备，朕常弃其所短，取其所长。”这的确是唐太宗一生统御人才的经验之谈。当时的一位大臣权德舆也说：“人才之行，自昔罕全。苟有所长，必有所短，若录长补短，则天下无不用之人；若责短舍长，则天下无不弃之士。”

世界上没有十全十美的人才，人各有专长，不可能什么都是内行，为政者只要留意，就不难发现人才。对人才的使用也是这样，要舍其短而用其长，这样就可以做到物尽其用，人尽其才。唐太宗任用房玄龄、杜如晦、戴胄等人，就是舍短取长的范例。房、杜的短处是不善于处理刑狱案件和烦琐事务，长处是多谋善断。唐太宗扬长避短，任命二人为宰相，充分发挥他们的相才。戴胄的短处是质朴少文，不通经史，长处是忠心耿耿，秉公办事，因此唐太宗不让他担任学馆儒林之职，而是任命他为大理寺少卿。果然，戴胄在职位上处事干练，案无滞留，敢于犯颜执法，不徇私情，并能大胆纠正唐太宗量刑的过失，极受太宗称赞。唐太宗还比较注意从官员的实际表现中考察发掘人才。贞观八年（公元634），太宗修洛阳宫，当时的中牟县丞皇甫德不顾官职低微，竟上疏犯颜直谏，认为建国之初，承大乱之后，国力未丰，不当劳民伤财。太宗认为此人忠直可嘉，立即提拔为监察御史。

卫侯与唐太宗孰优孰劣，我们不必强做比较，但是统御人才不能因噎废食是确定无疑的真理。

特殊时期对人才要特殊对待

时代变化，如果仍固守过时的统御人才定式，最后只会错失良机。

东汉时期，最初选拔官吏的主要标准是德行与才干，由州、郡以茂才、孝廉的名义向朝廷推荐官吏候选人，由朝廷考核后予以任用。但到东汉后期，朝政腐败，贿赂风行，而士大夫中又崇尚虚名，讲究门第，使得有意仕进者不是依靠行贿钻营，就是想法沽名钓誉，以致推荐上来的人大多没有真才实学，而且并无德行。因此，当时人流传说："举秀者，不知书；察孝廉，父别居；寒素清白浊如泥，高第良将怯如鸡。"这种现象一直到汉献帝建安（190 ~ 220）初曹操当政后才开始得以改变。

曹操（155 ~ 220）字孟德，沛国谯县（今安徽亳县）人。他祖父曹腾是汉末著名的宦官首领之一，权倾一时。父亲曹嵩是曹腾的养子，曾任司隶校尉、大司农、大鸿胪、太尉等要职。由于曹操出身宦官之家，尽管父亲身居高位，本人也才智过人，但在社会上仍受到许多人的鄙视。他从自身经历及当时的社会政治情况中认识到东汉选举制度的弊端，为在争夺天下的斗争中能将有用之才都招揽到自己周围，他对东汉选拔官吏的标准进行改革，曾连续下达三道求贤令，对社会传统观念进行强烈冲击。

汉献帝建安十五年（公元 210）春，曹操下达第一道《求贤令》:“自古受命及中兴之君，曷尝不得贤人君子与之共治天下者乎！及其得贤也，曾不出闾巷，岂幸相遇哉？上之人求取之耳。今天下尚未定，此特求贤之急时也。‘孟公绰为赵、魏老则优，不可以为滕、薛大夫。’若必廉士而后可用，则齐桓公何以霸世！今天下得无有被褐怀玉而钓于渭滨者乎？又得无有盗嫂受金而未遇无知者乎？二三子其佐我明扬仄陋，唯才是举，吾得而用之。”

曹操在这道命令中明确提出了“唯才是举”的口号，不但是为了改变东汉后期选举制度的弊病，还是为矫正自己政权中前一阶段在选拔官员标准上的偏差。曹操在统掌朝政大权后，委任崔琰、毛玠主持官吏的选拔与任用，崔琰与毛玠以清廉正直著称，“其所举用，皆清正之士，虽于时有盛名而行不由本者，终莫得进。务以俭率入，由是天下之人莫不以廉节自励”。朝廷之中，廉俭之风大行，贪秽浮华之人都被贬退。但他们过于看重廉洁俭朴，从而使许多官员矫情作伪，假意旧衣破车，以求升迁。同时，用这单一标准来进行选拔，就会将一些确有才干的人排除在外。因此，当有人向曹操提出这一问题后，曹操就下达这道命令，特别指出“今天下尚未定，此特求贤之急时也。”并以齐桓公任用管仲而成为春秋时期五霸之首的事例说明选拔官吏的首要条件是才干，只要确有才干，无论他是地位低下还是有某一方面的缺陷，都要推荐上来。

建安十九年（公元 214），刘备入据益州，三国鼎立的局势已基本形成，曹操并未因自己占据中原，在政治、经济上都有明显优势进而稍有松懈，但仍以招揽贤才作为首要任务，在这年的十二月下达《敕有司取士勿废偏短令》:“夫有行之人，未必能进取，进取之人，未必能有行也。陈平岂笃行，苏秦岂守信邪？而陈平定汉业，苏秦济弱燕。由此言之，士有偏短，庸可废乎！有司明思此义，则士无遗滞，官无废业矣。”

曹操在这道命令申明确指出德行与才干并不是统一的，而且再次提到上次《求贤令》中已谈到的“盗嫂受金”的陈平，认为陈平虽然品行不正，但他辅佐刘邦建立汉朝的基业，功不可没。因此，曹操命令有关部门不能求全责备，不要埋没那些有缺点的贤才。在看到曹操求贤是扩大自己统治力量的同时，也应看到这是他削弱并控制反对力量的方法，将那些有才干的人用官爵羁縻在朝廷中，就可减少反对自己的隐患。这比单纯用打击的方法来消灭敌对势力，显然要高出一筹。

建安二十二年（公元 217），曹操已是六十三岁，在前一年已被晋爵为魏王，这年四月，献帝又命曹操“设天子旌旗，出入称警跸”。但他仍壮心不已，志在统一天下，连年出师征讨，同时，也更迫切的需求贤才，于这年八月，下达《举贤勿拘品行令》：“昔伊挚、傅说出于贱人，管仲，桓公贼也，皆用之以兴。萧何、曹参，县吏也，韩信、陈平负污辱之名，有见笑之耻，卒能成就王业，声著千载。吴起贪将，杀妻自信，散金求官，母死不归，然在魏，秦人不敢东向，在楚，则三晋不敢南谋。今天下得无有至德之人放在民间？及果勇不顾，临敌力战；若文俗之吏，高才异质，或堪为将守；负污辱之名，见笑之行，或不仁不孝，而有治国用兵之术：其各举所知，勿有所遗。”

曹操在这道命令中再次重申自己“唯才是举”的方针，并指出无论是伊挚、傅说那样出身贫贱之人，管仲那样的旧敌，萧何、曹参那样的小吏，韩信、陈平那样身遭污辱并受人耻笑的人，甚至像吴起那样不仁不孝的人，只要有治国用兵的才干，就要加以任用。充分表现出他的雍容大度以及不拘一格，求贤若渴的心情，同时，也反映出他与东汉时期统御人才传统的完全决裂。

曹操不仅用命令形式提出“唯才是举”的方针，实践中也确实贯彻了这一方针。他不仅任用荀彧、荀攸、钟繇、陈群、司马懿等大族名士，也同样信任有“负俗之讥”的戏志才、郭嘉，简傲少文的杜畿等人。而且曹操能以大业为重，不念旧恶，如张绣在归降后又起兵突袭，杀死曹操的长子曹昂、侄子曹安民以及爱将典韦，但以后张绣来降时，曹操捐弃前嫌，对他的宠遇优于诸将。陈琳曾为袁绍撰写檄文，痛斥曹操罪行，并辱及曹操的父亲与祖父，可陈琳归降后，曹操爱惜他的文才，不仅未加惩处，还委派他掌管文书往来。史称曹操“知人善察，难眩以伪，拔于禁、乐进于行阵之间，取张辽、徐晃于亡虏之内，皆佐命立功，列为名将；其余拔出细微，登为牧守者，不可胜数”。所以，曹操身边猛将如云，谋臣如雨，在当时各割据政权中，得贤士最多。正是在这些谋臣、猛将的辅佐下，曹操才能扫平群雄，统一北方，从而奠定下曹魏政权的基础。

曹操以奸雄著称，在统御人才上这种奸是一种顺应时势的奸，不是每一个人君都能做到的。

切实把人才作为治国第一要务

“人才为第一要紧”，这句话道出了乾隆渴求人才的心理。在乾隆大帝所提拔的官吏之中，很多都是名门望族出身。按说，乾隆大帝本来是最讨厌朋党相系的，但他任用官吏又总是不嫌家族势力的扩充，总是拣大家族来挑选良才，表面看来这与他一贯的行政政策似乎是有点矛盾，但事实并非如此，乾隆不但选人有自己独到的想法，而且所选之人很多都是为官清廉正直。

在所有官员中，最兴盛的是鄂尔泰一族的西林觉罗氏。乾隆五年擢用鄂容安时，其父亲鄂尔泰再三辞让，乾隆说：“朕之统御人才，悉秉至公，毫无私意于其间。古云：‘非乔木之谓，有世民之谓。盖以大臣子弟果能立志向上，随事黾勉，斯能不愧世臣，可以为国家宣力。朕观鄂容安及大学士张廷玉之子张若霭，朱轼之子朱必阶，皆能遵守家训，祗受国恩。况鄂容安、张若霭向为皇考命在军机处行走，原欲造就成人。此次擢用，乃朕量材加恩，即寓栽培之道。鄂尔泰不必以己意固辞。”鄂尔泰的四个儿子和侄子等后来果然都受到了乾隆的重用。但乾隆并不是唯人是用，而是唯才是用，并且有统御人才的原则性，当鄂尔泰的儿子和侄子犯错误时，仍以法处治而不留私情。除鄂尔泰一族外，贵盛之极的当推外戚后族。如乾隆母后钮祜禄氏，是清朝名臣额亦都、遏必隆之后裔，讷亲即出于该族，讷亲的兄弟策愣、达尔党阿、阿里衮、爱必达均受乾隆的器重，出任总督、巡抚。乾隆的妻族富察氏更是煊赫隆盛，历数十年而不衰。傅恒门族也是一例。除傅恒外，其兄傅清，为驻藏大臣，死于叛乱；傅恒四子中，福灵安、福隆安均为额驸，福康安是乾隆后期最著名的统帅，福长安为军机大臣；傅恒的侄子明瑞、奎林、明亮均为名将。

乾隆所任用的这些名门世子中有很多人功绩显著而操守廉洁，比如讷亲“操守颇廉介，当隆隆赫赫时，门无苑苴，部院司员，以公事关白，必反复驳诘。见有才器出众者，荐引唯恐后人”。傅恒就更不用说，福康安则成为乾隆中后期群臣中的中流砥柱。乾隆的皇贵妃高佳氏，其父是大学士高斌。高斌的子侄高恒、高朴、高晋，均为显宦。高斌常年在治河一线奔忙，高晋在规划治黄时“亲履其地，测量高下曲直，头尾宽窄，绘图贴说以闻。”

在汉族官员中，除张廷玉一门科名极盛，其他如嵇曾筠及其子嵇璜、蒋廷锡及其子蒋溥、刘统勋及其子刘墉，均受到乾隆重用。刘统勋和刘墉父子为两代忠良，难能可贵。刘统勋在乾隆韧为内阁学士，后被升为侍郎、漕督，乾隆十七年入军机处。曾屡次受命审理重要案件，办理海塘、河工、赈济、督运军饷，参与军政要事，大部分都圆满完成任务。刘统勋晚年时很受乾隆推信，“纯皇帝眷注益隆，信任益笃，事或有待公而决者”。也就是说，乾隆皇帝越来越关怀他、倚重他，有些事需要同他商量后再作出决定，可见信任之深。

乾隆三十八年冬（公元1773），天未亮刘统勋就动身上朝，行至东华门外，轿夫感觉情况异常，待停轿时发现他坐逝于轿内。事后，乾隆皇帝亲临刘家奠祭，发现刘家住所低矮潮湿，才知道刘统勋之清廉和节俭。乾隆回宫后心情沉痛，流着泪对大臣们感叹道："朕失一股肱！"称赞说："如刘统勋方不愧真宰相。"在乾隆朝刘统勋的儿子刘墉的廉洁也是比较出名的。刘墉学识渊博，贯通经史诸子百家，才华横溢，书法闻名，并且为官"保廉反贪、崇俭戒奢"，因此而"名播海内，妇人女子无不服其品谊，至以包公比之"。据说，刘墉身材矮小，前有鸡胸，后有驼背，外号刘罗锅，乾隆命他以自身为题作一首诗。刘墉脱口而出：背驼负乾坤，胸高满经纶。一眼辨忠奸，单腿跳龙门。丹心扶社稷，涂脑谢皇恩。以貌取才者，岂是贤德人？！

乾隆称刘墉是奇才，并委以重任。刘墉一身正气，敢向权势倾国的和珅挑战，后世曾留下许多关于他的传说。

在乾隆所信用的臣子中，还有不少清正廉洁的好官，如协办大学士孙嘉淦，在乾隆刚继位之初，曾上了著名的"三习一弊疏"而声名大震。他还提出居官吏八约："事君笃而不显，与人共而不骄，势避其所争，功藏于无名，事止于能去，言删其无用，以守独避人，以清费廉取"，用以自戒。

又如吏部尚书甘汝来，清廉自励，从不收受别人之礼。吏部是管官员升迁的组织、人事部门，在官场中本是个手中炙热的差事，自然会有很多官员都来巴结奉承。而甘汝来却严格自律，后来他在办公时病逝在官署中。当时大学士讷亲兼管吏部，讷亲把他的遗体送回家中，进他家时，见有一个老妇人在庭中做针线活，误以为甘汝来家的奴婢，便让她去转告甘夫人，说她的丈夫已逝于官署中。这个老妇人闻言吃惊地问来者是谁，讷亲告诉了她事情的经过，老妇人大哭起来，这时候，讷亲才知道她就是甘夫人。

讷亲问甘夫人家里是否有多余的钱，甘夫人说有，便拿出八两银子，说:“此志书馆月课俸也。俸本十六金（两），相公俭，计日以用，故所余半月费也。”听了这句话，讷亲感动得流了泪。讷亲“代以衣衾殓之”，并把这些情况报告了乾隆皇帝。乾隆听说后，特别批了一千两银子，让内务府办理甘汝来的丧事。大清有这样甘为清廉的臣子，也可以说都是乾隆的福分。当然，更重要的是乾隆慧眼独具，挑选这样优秀的臣子为他鞠躬尽瘁地做事情，才换来乾隆朝的大盛。由此推而论之，假如一个企业、一级政府的主管能够慧眼识才，知人善任，身边辐辏的都是贤才良将，一个企业的振兴也是必然的。

乾隆朝的一品大学士刘纶，原是乾隆元年博学鸿儒科第一名，他“品行端醇，学问博雅，久直禁廷，简畀阁务，勤劳夙著”，“有所撰述，研练工赡……在直次给札下笔，极端谨点划，小不如意，必再三润色，合法乃已”。刘纶居官至一品大学士，但家徒四壁，除上朝时有一身官服外，在家里只穿着破烂衣服。有一天，军机章京王昶半夜有急事到刘纶家找他，因家中极为寒冷，刘纶让家人拿酒给王昶喝以御寒，“仅得白枣数十枚侑酒，其清俭类此”。刘纶在寺院、衙门等处反复调动，直到乾隆十五年才以侍郎衔入军机处，仍勤勤恳恳，无所怨劳。在乾隆统治前期，诸臣多以清廉自持，像傅恒在领兵出征时，还能散自己的私财以励士气。当时的学者赵翼曾描述军机处大臣们的情形说:“军机大臣罕有与督抚外吏相接者。前辈尝言张文和公（即张廷玉）在雍正年间最承宠眷，然门无竿牍，馈礼有价值百（两）金者则却之。讷公亲（即讷亲公）当今上一初年，亦最蒙眷遇，然其人虽苛刻，而门庭峻绝，无有能干以私者。余入军机，已不及见二公，时傅文仲（即傅恒）为首揆，颇和易近情矣，然外吏莫能登其门，督抚皆平交，不恃为奥援矣。余在汪文瑞（即汪由敦）第，凡书牍多为作答，见湖抚陈文恭伴函不过僮锦二端，闽抚潘敏惠，公同年也，馈节亦不过葛纱而已；至军机司员，更莫有过而问者。”由此可见，当时朝政之整肃，官吏之自持。

令人叹惜的是，如果乾隆能一直这样任用人才，根本就不会出现和珅那样贪污营私、富可敌国的奸佞之臣了。

看看昔日清朝时的清廉之臣，让我们当代的人也不免为之感慨，有这样廉洁清正、一身正气的臣子，何愁世风不正，什么样的盛世不可能出现呢？乾隆用如饥如渴的心情找人才、盼人才，用独到的眼光识人才，正是因为选对了人才，才有了可为之夸耀的文治武功。

选对一个人，下活一盘棋

对帝王而言，重要关口军国大事的或成或败，往往决于用对或用错一个人上。而面对众多表面看来可用的人又如何做出正确的抉择？要点在于平时悉心的观察和对人才的磨炼。

讨伐金川之役中，为了收复失地，面对主帅温福在木果木惨败，乾隆于无奈之中把希望寄托在阿桂身上。阿桂会合西路海兰察等将领，陆续收容溃散清军一万多人，分兵守卡，才算稳住了阵脚。

乾隆对阿桂的任用不是心血来潮，而是经过长期的观察。阿桂，字广远，姓章佳氏，大学士阿克敦的儿子，乾隆三年（公元1738）举人，以父荫授大理寺丞，累迁吏部员外郎，充军机章京。十三年参与首征金川。二十年擢内阁学士，又参与平定准噶尔、大小和卓木以及征缅战争，历任都统、工部尚书、礼部尚书、加太子太保。阿桂智勇兼备，“临敌，夜对酒，深念得策，辄持酒以起，且必有所号令”。且又知人善任，诸将有功，“奖以数语或赍酒食。其人感激效死终其身”。乾隆三十八年六月二十五日阿桂被乾隆任为定边将军，后改为定西将军。阿桂受命于危难之时。他最紧迫的第一件事，是如何率领全军安全撤出当噶尔拉。金川兵袭击木果木后，索诺木由噶拉依奔袭巴旺、布拉克底，企图切断阿桂后路。阿桂镇静自若。木果木之败，小金川降卒起过不少的作用。阿桂汲取教训，清除了军中小金川投降者，还派兵将当噶尔拉至章谷一带退兵必经之路的周围碉寨尽行烧毁，占领达乌、翁古尔垄、色木等要隘。为了切断河南河北大小两金川间的联系，他还派兵将僧格宗山后的皮船尽数收起。为了配合阿桂撤军，乾隆指令丰升额从宜喜赶赴打箭炉接应，要海兰察把守美诺，明亮驻兵僧格宗，以为掎角之势，阻截金川兵窜入通道堵攻阿桂。但是，乾隆还不知道，美诺、底木格、布朗郭宗、僧格宗早已落入金川手中。正当阿桂处于危险境地之际，索诺木多次派人求见阿桂，希望阿桂退兵，说："我金川系大皇帝家旧土司，如今官兵、百姓等，我金川一点不敢侵犯"。阿桂深知当噶尔拉后路险仄绵长，如翁古尔垄、策尔丹、色木等处，悬崖鸟道，数十人据险，万夫莫过。如果能退兵扼守住这些地方，"现在则易防后路，将来则易于进攻，于事转有把握，莫若将计就计，权为撤出"。从乾隆六月二十五日至七月一日，阿桂亲自断后，振旅徐徐撤抵翁古尔垄。七月十六日，乾隆闻阿桂全师安全转移，十分高兴，谕丰升额仍返回宜喜。

这时，大金川与邻近土司关系更趋紧张。当年九土司联合攻击大金川，索诺木耿耿于怀。木果木袭击得手，他又被胜利冲昏头脑，扩张野心更加膨胀。他一方面派人求阿桂撤兵，因为清军毕竟是他地区扩张行为的主要障碍，而且阿桂治军有方，布防有力，未可轻易动摇。另方面又在谋划新的扩张行动。他派人威胁绰斯甲布土司工噶诺尔布说："尔等从前协助天朝攻剿，今尔一路官兵不久即欲退出，我即发兵报仇。"工噶诺尔布回答："官兵退否，我等岂能预知，尔欲抗拒，亦自由汝。"索诺木还遣人赴党坝游说，被党坝人拒于界外。袭击木果木之前，索诺木利用僧格桑的威望，令他潜回小金川，引诱当地部民反叛。及索诺木占领小金川后，令其兄冈达克固守，将所得银、缎、铅药、马匹、粮食、物件全数运回大金川，并把僧格桑软禁在大金川的科恩科木，身旁换以大金川士兵，视如“孤肠腐鼠”。各土司包括小金川中一部分百姓，皆对索诺木不满，希望清中央政府能赢得这场战争的胜利，主动支援清军。阿桂曾向乾隆报告说：“自当噶尔拉军营撤回时，见沿途各险隘皆有士兵把守接应。查系布拉克底、巴旺土司，及革布什咱土司亦俱添兵前来，较原派之数加多”。一些士兵自愿为清军做向导，还有人把侦知大金川军事行动的情况密报清军。乾隆正确地把握了各土司与大金川的矛盾，以及他们对中央政府的亲善态度，作出部署。他指出“盖索诺木兄弟之意，久思吞并各土司，雄踞一方”，已失人心，清军应联络各土司，以为我用。他一方面接连嘉奖各土司如布拉克底、巴旺、明正、革布什咱、党坝等头人，以及梭磨土妇；另方面向各土司宣布：“朕已降旨，调各处劲兵数十万，厚储粮饷，以如许兵力、军资剿殄贼番，易如反掌。朕如此筹办者，皆为尔土司等恐致失所耳。尔等自应努力并心，同期灭贼，以冀永受朕恩。”乾隆还指示阿桂，遣人四处扬言“已调动十余万精兵前来合剿，则贼酋闻之丧胆震动，而各土司亦可定其游移之志”。乾隆联络各土司孤立大金川的决策，对尔后军事上胜利进攻两金川，发挥了积极作用。

阿桂回师翁古尔垄后，根据乾隆先打小金川后攻大金川的指示，积极酝酿进攻路线。十月，新调集的满汉各路兵陆续到达军营。二十七日，阿桂挥师三路进攻小金川。西路由海兰察率领，自达木巴宗山之北出兵，分别攻打底木达、布朗郭宗、沃克什、明郭宗，插向美诺。南路由副将军明亮和参赞大臣富德统率，从绰斯甲布进兵。阿桂亲率中路军攻打资哩。二十九日，阿桂部破资哩南北山梁、阿喀木雅、美卡卡、木兰坝，收复沃克什官寨。西路军于十一月一、二日连克路顶宗、明郭宗等处，三日克美诺官寨和底木达官寨。六日，南路明亮军克复僧格宗。至此，小金川已被清军全部平定。

阿桂从出兵到平定小金川，前后仅10天时间。速度之快，为乾隆始料不及。十一月十四日，乾隆接到前方战士克复美诺寨，兴奋地说："收复小金川之易，朕原早已料及。第官兵能于一、二日内连次克复美诺等处，剿杀多人，并抢获炮位、米粮，实属迅速"，同时指示阿桂，当一面酌量小金川善后事宜，一面带兵分路攻剿大金川，"乘将士新胜锐气，鼓勇直前"。

为平定大金川，阿桂要求增兵添饷。乾隆又一次表示："只要大功必成，多费实所不惜"。截至乾隆三十九年十二月，他共拨出饷银三万两，还先后调荆州驻防兵1000名、湖广绿营兵1000名、成都驻川绿营兵2000名、黔兵2000名、云南兵3000名，共计9000名赶赴川西。

乾隆与阿桂等人反复商讨进攻大金川路线。阿桂所部拟从谷噶、凯立叶进攻。马奈、马尔邦是首征金川时老路，明亮所部拟由此两地进攻。巴旺、布拉克底土司告诉明亮，大金川料定清军将循阿桂原来路线从当噶尔拉进攻，因而于此处竭力设防。明亮决定避开正面山梁，于东西两边山路探明抄截途径，以便出敌不意。丰升额所部原拟从俄坡前进，直逼勒乌围。后侦知这里树木丛深，道路险窄，不利于进攻，遂改定计划，拟于党坝附近进攻穆尔津冈要隘，然后从上面下压取勒乌围。乾隆批准了以上三路进攻计划。

乾隆三十八年六月二十四日，乾隆下谕说："据阿桂奏，'现在派兵防守，杀贼多人，并设法将叛逆降番羁其头人，歼其丑类，剿清后路军营，军心稳定。储备充裕，铅药敷用。阿桂所办，甚合机宜，实为嘉慰。'"

转眼又是八月，乾隆命阿桂为定西将军，明亮、丰升额为副将军，另整规模，又发京师八旗尖锐、火器营兵和黑龙江、吉林、伊犁额鲁特等新兵共一万七千人，另筹进剿，“务须扫荡贼巢，擒歼两逆，以雪愤恨，而申威令”。

经过充分准备，阿桂采用当地人木塔尔的建议，于十一月底三路并进。西路由海兰察攻阿噶尔布里；中路由阿桂攻资哩；南部由明亮从绰斯甲布进发。三军齐下，仅用了五天时间就攻下了土司所在地美诺，七天时间便全部收复了大金川。

乾隆以五年时间，调兵近 10 万，动帑共 7000 万余，才最终平定大小两金川。而如果不是用对了阿桂一人，不知还要耗帑多少。